T0179768

FEMINISMO

PARA MENTES INQUIETAS

FEMINISMO PARA MENTES INQUIETAS

ESCRITO POR
ALEXANDRA BLACK
LAURA BULLER
EMILY HOYLE Y
DRA. MEGAN TODD

ASESORADOS POR
DRA. DEBRA FERREDAY

Edición sénior Scarlett O'Hara, Georgina Palffy
Diseño sénior Sheila Collins
Edición Sarah Edwards, Anna Streiffert Limerick,
Sarah MacLeod, Vicky Richards, Jenny Sich
Diseño Kit Lane
Ilustración Sheila Collins, Kit Lane

Edición ejecutiva Francesca Baines
Edición ejecutiva de arte Phillip Letsu
Dirección de la edición Jonathan Metcalf
Subdirección editorial Liz Wheeler
Dirección de arte Karen Self
Producción (preproducción) Jacqueline Street
Producción sénior Angela Graef
Diseño de cubierta Tanya Mehrotra, Stephanie Cheng Hui Tan
Dirección de desarrollo de diseño de cubierta Sophia MTT
Diseño DTP Rakesh Kumar
Coordinación editorial de cubiertas Priyanka Sharma
Edición ejecutiva de cubiertas Saloni Singh
Edición de cubierta Emma Dawson

De la edición en español:
Coordinación editorial Cristina Gómez de las Cortinas
Asistencia editorial y producción Malwina Zagawa

Servicios editoriales: Moonbook
Traducción adaptada: Mario Tornero Lewis y Eric Jalain Fernández

Publicado originalmente en Gran Bretaña en 2019 por Dorling Kindersley Limited,
DK, One Embassy Gardens, 8 Viaduct Gardens, London, SW11 7BW
Parte de Penguin Random House

Título original: *Heads Up Feminism*
Segunda reimpresión: 2022

ISBN 978-1-4654-8523-6

Impreso y encuadernado en China

Para mentes curiosas
www.dkespañol.com

CONTENIDOS

08 PRÓLOGO de Gemma Cairney

Un movimiento POLÍTICO y SOCIAL

12 ¿Qué es el FEMINISMO?

14 ¿Es este un mundo de HOMBRES?

16 El DERECHO a la EDUCACIÓN

18 LA LUCHA por una causa

20 Biografía: SOJOURNER TRUTH

22 VOTO para la mujer

24 Biografía: EMMELINE PANKHURST

26 En pie de GUERRA

28 ¡(Des)igualdad de DERECHOS!

30 La LIBERACIÓN de las mujeres

32 Biografía: GLORIA STEINEM

34 Vivir SIN HOMBRES

36 REACCIÓN

38 'Girl POWER'

40 SEXISMO cotidiano

42 #MeToo

44 Biografía: CHIMAMANDA NGOZI ADICHIE

CUERPO e IDENTIDAD

48 ¿Son IGUALES el hombre y la mujer?

50 NEUROSEXISMO

52 ¿Las niñas NACEN o SE HACEN?

54 Biografía: SIMONE DE BEAUVOIR

56 ¿Es el GÉNERO algo fijo?

58 IDENTIDADES entrecruzadas

60 Biografía: BELL HOOKS

62 MUJERISMO

RELACIONES y FAMILIA

66 AMISTAD entre mujeres

68 Chicas a las que le gustan los CHICOS

70 CHICAS a las que le gustan las chicas

72 Biografía: JUDITH BUTLER

74 ¿Vivieron FELICES?

76 ¿TENERLO todo?

78 La educación de NIÑAS y NIÑOS

80 Nuevas FAMILIAS

82 Un DIVORCIO injusto

84 El CONTROL de tu propio CUERPO

86 Biografía: FRIDA KAHLO

88 No es NO

90 Violencia DOMÉSTICA

92 La NOCHE es NUESTRA

EDUCACIÓN y TRABAJO

96 ¿Educación IGUALITARIA?

98 Biografía: MALALA YOUSAFZAI

100 El TRABAJO importa

102 ¿Trabajos de MUJERES?

104 Biografía: AUDRE LORDE

106 Chicas para TODO

108 BRECHA salarial

110 ¿Es masculino el LENGUAJE?

112 ¿Qué es el 'MANSPLAINING'?

114 Mujeres AL PODER

CULTURA y SOCIEDAD

118 El ideal de BELLEZA

120 ¿Llevan TACONES las FEMINISTAS?

122 La IMAGEN

124 La MIRADA MASCULINA

126 ¿El SEXO vende?

128 Los MEDIOS de comunicación

130 REDES sociales

132 Volverse INVISIBLE

134 ¿Es siempre mala la PORNOGRAFÍA?

136 Biografía: ALICE SCHWARZER

138 Feminismo y trabajo SEXUAL

140 Mujeres del mundo, ¡UNÍOS!

142 Biografía: RIGOBERTA MENCHÚ

144 Un FEMINISMO global

146 ¿Puede un hombre ser FEMINISTA?

148 Directorio de feministas

152 Glosario

156 Índice y agradecimientos

PRÓLOGO

FEMINISMO ES...

Feminismo. El diccionario lo define como el movimiento que lucha por la igualdad de derechos entre la mujer y el hombre. Suena bastante razonable, ¿no crees? Entonces, ¿por qué el término «feminista» genera tanta tensión? No debería ser así. En mi opinión, es un término esperanzador al que vincularse, pues en definitiva significa que crees en los derechos humanos.

De eso trata este libro, de desentrañar qué es el feminismo e intentar que su significado supere la categoría de eslogan; de explorar, analizar y comprender el feminismo y su historia hasta hoy. El libro que tienes entre tus manos destaca también la importancia de algunas grandes mujeres que han contribuido, y siguen haciéndolo, al desarrollo del feminismo. Las ideas que contiene pretenden estimular tu mente y animarte a que te hagas tus propias preguntas y saques tus propias conclusiones. Las circunstancias que rodean nuestras vidas son muy diferentes, y eso es lo que configura lo que somos, pero es crucial ser capaces de comprender la historia y las ideas de otras personas. Entender por qué la gente lucha por el feminismo es empoderador y nos recuerda que, aunque sea fácil caer en la frustración, en el clic fácil o en la batalla dialéctica de las redes sociales, a todas y todos nos late un corazón en el pecho. Es importante aprender a escuchar argumentos nuevos, comprender ideas y pensar de manera diferente, y leer libros nos ayuda a hacer todo esto de manera reflexiva.

Vosotras y vosotros sois el futuro y tenéis el poder para mejorar las cosas. ¡QUÉ APASIONANTE! Puede que no estés de acuerdo con todo lo que leas –estás en tu perfecto derecho–, pero abre la mente y sabrás lo que te resulta verdadero a ti. Espero que el feminismo te inspire tanto como a mí.

Así pues... ¡ADELANTE!

Gemma Cairney

Un movimiento POLÍTICO y SOCIAL

¿Qué es el FEMINISMO?

¿Es este un mundo de HOMBRES?

El DERECHO a la EDUCACIÓN

LA LUCHA por una causa

VOTO para la mujer

En pie de GUERRA

¡(Des)igualdad de DERECHOS!

La LIBERACIÓN de las mujeres

Vivir SIN HOMBRES

REACCIÓN

'Girl POWER'

SEXISMO cotidiano

#MeToo

El feminismo es un movimiento que persigue el cambio. Las primeras feministas lucharon por el fin de la esclavitud, así como por el voto y los derechos humanos para las mujeres. A continuación se centraron en otras desigualdades, como la educación y las relaciones. Hoy en día, es un movimiento poderoso que denuncia el acoso sexual y el sexismo cotidiano.

¿Qué es el FEMINISMO?

Casi todo el mundo ha oído hablar de «feminismo», pero seguro que pondríamos a muchas personas en un aprieto si les pidiéramos que explicaran en qué consiste. ¿Qué es el feminismo y quién es feminista? En realidad, se trata de algo muy sencillo. Como propone la organización británica Fawcett Society: «Si estás a favor de una sociedad más igualitaria para hombres y mujeres, entonces realmente eres feminista».

Cuestionar la desigualdad

Cada libro sobre feminismo propone su propia definición del mismo; esta diversidad es su fortaleza pero también uno de sus mayores retos. La mayoría de las definiciones comparten la convicción de que hombres y mujeres, niñas y niños, deberían ser tratados de forma igualitaria. Sin embargo, no se trata de defender que hombres y mujeres sean iguales, ni siquiera que las mujeres sean iguales unas a otras. Se trata de que todos y todas debemos ser tratados con justicia y respeto. Tiene que ver, pues, con la igualdad de derechos y de oportunidades para todos y todas.

Según una encuesta de 2018 en EE. UU., las jóvenes están más dispuestas a implicarse en política que los jóvenes.

La lucha feminista

El feminismo es acción. Es un movimiento que pretende fomentar cambios sociales positivos y que está logrando grandes éxitos, transformando la sociedad a todos los niveles. Muchas mujeres de todo el mundo ya tienen derecho a voto, acceso a la educación y una mayor representación en los medios de comunicación, pero sigue quedando mucho camino por recorrer. Si bien se está avanzando en muchos de los objetivos del feminismo, aún no se han cumplido todos. Mujeres de diferentes lugares del mundo deben afrontar grandes dificultades a diario, e incluso en el mundo desarrollado la pobreza, el hambre, el analfabetismo y la violencia siguen siendo problemas muy presentes para muchas.

«Claro que soy feminista. Llevo tiempo siendo mujer. Sería estúpida si no me situara entre las mías».

Maya Angelou (2014)

Celebrar la diferencia

Las pensadoras feministas suelen centrarse en la interacción entre género, raza, discapacidades, sexualidad, clase social y poder para afirmar que el feminismo es relevante para todo el mundo. Consideran los aspectos compartidos por todas las experiencias femeninas, pero teniendo siempre en cuenta las diferencias, en términos de identidades, experiencias personales y formas de privilegio. Es un mito que las feministas crean que las mujeres deberían tener más poder que los hombres. De hecho, el cambio social feminista beneficia a todas las personas, pues busca liberar tanto a mujeres como a hombres de roles de género restrictivos. Por tanto, feminista es toda persona que lucha por la igualdad, que desafía los prejuicios, la discriminación y el sexismo. ¡Debería ser un orgullo declararse feminista!

¿Es este un mundo de **HOMBRES**?

Una de las principales ideas del feminismo es que vivimos en un patriarcado, es decir, en una sociedad que valora más a los hombres que a las mujeres y donde los hombres ostentan el poder y las mujeres están ampliamente excluidas del mismo. Pero ¿ha sido siempre así?

La creación del patriarcado

Las feministas afirman que a lo largo de la historia las sociedades humanas han sido en su mayoría patriarcales. En *La creación del patriarcado* (1986), la historiadora feminista Gerda Lerner investigó cómo se han ido imponiendo los hombres en el curso de la historia. Su tesis central es que no se trata de una situación natural, sino meramente circunstancial. Según esta historiadora, el patriarcado surgió hace miles de años como una forma de control masculino de la reproducción y de la transmisión de la propiedad por vía paterna.

¿El patriarcado sigue vigente hoy en día?

En un patriarcado, los hombres no solo acaparan el poder en la familia, sino también en toda la sociedad en su conjunto, pues las instituciones sociales niegan a las mujeres el acceso al poder. Dichas instituciones también se encargan de transmitir los valores del Estado, influyendo en nuestra concepción del mundo. En *Theorizing Patriarchy* (1990), la feminista Sylvia Walby plantea que existen seis «estructuras básicas» que apuntalan el patriarcado: el hogar familiar, el trabajo asalariado, la política, la cultura, la violencia y la gestión de la sexualidad. Un breve vistazo a cualquiera de estos ámbitos evidencia hasta qué punto la desigualdades persisten hoy en día. En el mundo laboral, por ejemplo, el derecho legal a la igualdad salarial no ha logrado acabar con la brecha de género en esta materia; y en el ámbito doméstico, siguen siendo las mujeres las que llevan a cabo la mayor parte de las tareas. Sin embargo, hay feministas que critican este concepto de patriarcado, porque da a entender que todos los hombres se benefician por igual de la opresión a las mujeres. Por ejemplo, la feminista estadounidense bell hooks sostiene que algunos hombres sufren una mayor opresión patriarcal que algunas mujeres. Por otro lado, muchas mujeres han sido fuertemente educadas en un pensamiento y unas prácticas sexistas.

MATRIARCADO

Las historiadoras feministas han especulado sobre la existencia de posibles sociedades prehistóricas cuyo modelo de organización no era patriarcal. Objetos como la *Venus de Willendorf*, de 25.000 años de antigüedad, han sido interpretados como pruebas de que algunas culturas prehistóricas adoraban a diosas y podrían haber sido matriarcales, es decir, haber estado dirigidas por mujeres.

¿Los tiempos cambian?

A pesar de llevar ya más de cien años de labor feminista, muchas mujeres mantienen que seguimos viviendo en un mundo dirigido por hombres, donde las mujeres aún están relegadas a un plano secundario. En *End of Equality* (2014), la feminista Beatrix Campbell plantea que nuestra actual economía «glocal» ha propiciado el resurgimiento de lo que denomina una «era de neopatriarcado», donde las crecientes desigualdades sociales se alían con el sexismo para oprimir a las mujeres. Esta investigadora mantiene, por tanto, que, aunque en el siglo xx el feminismo había comenzado a influir en la sociedad, el poder patriarcal se ha reafirmado por otras vías y muchos avances han sufrido un retroceso.

«Los hombres han estado dando la impresión de que son mucho más importantes en el mundo de lo que realmente son».

Gerda Lerner (1994)

LAS INSTITUCIONES QUE ORGANIZAN Y DIRIGEN LA SOCIEDAD SON LOS PILARES DEL PATRIARCADO

El DERECHO a la EDUCACIÓN

La educación es una puerta abierta a la libertad, las oportunidades y la independencia, una puerta que ambos sexos deberían tener el mismo derecho a cruzar. Podríamos asociar las demandas feministas de igualdad educativa para niñas y niños con las campañas por los derechos de las mujeres en el siglo XIX, pero la historia de esta lucha es aún más larga. En muchos países sigue siendo una conquista pendiente.

El acceso de la mujer a la educación

Existen algunos ejemplos históricos de sociedades en las que no se cuestionaba el derecho de las mujeres a estudiar. Por ejemplo, en el siglo VIII a.C., la ciudad-Estado griega de Esparta concedía a hombres y mujeres el mismo acceso a la educación. Entre los siglos VII y VI a.C., las niñas en la India también tenían acceso libre a la educación. Sin embargo, estos casos no han sido precisamente los más habituales. Por ejemplo, las academias de filosofía de la antigua Atenas rara vez admitían a mujeres.

En la Europa medieval, solo algunos niños de hogares privilegiados podían contar con un tutor o bien acudir a una escuela. Sin embargo, incluso en las familias más prósperas, la educación de las niñas solía ser muy limitada, si es que se daba. Casi la única oportunidad que una chica tenía de educarse era retirándose a un convento. De hecho, en los monasterios surgieron algunos de los mayores intelectos de la Edad Media, como la gran filósofa y compositora Hildegarda de Bingen (1098-1179).

Demandas de igualdad educativa

Esto no significa, de ninguna manera, que todas las mujeres se resignaran a quedar excluidas de la educación. Ya la humanista italiana Christine de Pizan (1364-c. 1430) defendió el derecho de las mujeres a estudiar. Marie de Gournay, escritora francesa, escribió en 1622 un importante libro titulado *Igualdad de los hombres y de las mujeres*, en el cual planteaba que una

LAS FEMINISTAS LLEVARON A CABO CAMPAÑAS PARA QUE LAS ESCUELAS ABRIERAN

Hace no tanto, se consideraba que solo los niños valían para ir a la escuela.

de las razones de la desigualdad de las mujeres en la sociedad era que se les negaba el acceso a la educación. En 1638, la erudita holandesa Anna Maria van Schurman insistía en que las mujeres eran perfectamente capaces de cursar estudios. Fue, de hecho, la primera mujer en estudiar en una universidad europea (aunque se veía obligada a ocultarse detrás de una cortina durante las clases).

Los tiempos de la Ilustración

En el siglo XVIII, el movimiento intelectual europeo progresista conocido como Ilustración, junto con la Revolución Francesa (1789-1799), permitieron que las mujeres comenzaran a reclamar sus derechos de manera más organizada. La feminista francesa Olympe de Gouges (1743-1793) ya subrayó los problemas derivados de la ausencia de educación en su manifiesto *Los derechos de la mujer* (1791). La filósofa y activista inglesa Mary Wollstonecraft planteó en *Vindicación de los derechos de la mujer* (1792) que la escolarización aportaría a las mujeres la independencia necesaria para ocuparse de sí mismas. Otras intelectuales inglesas desarrollaron estas ideas. Harriet Taylor Mill (1807-1858) consideraba la educación como algo necesario para el buen juicio femenino; también Harriet Martineau (1802-1876) planteaba que la inferioridad femenina se debía a la falta de formación intelectual. A comienzos del siglo XX, las legislaciones de Europa occidental y Estados Unidos ya establecieron que las niñas debían acudir al colegio al menos hasta los primeros años de la adolescencia, si bien esto no era así en todo el resto del mundo. Aún hoy en día, 15 millones de niñas en todo el planeta nunca irán a la escuela.

CLASES SEPARADAS

A comienzos del siglo XX, las niñas aún tenían un acceso a la educación más limitado que los niños. Materias como las matemáticas o las ciencias se consideraban apropiadas para los chicos y menos para las chicas. El currículo escolar de las niñas solía centrarse en temas como las labores.

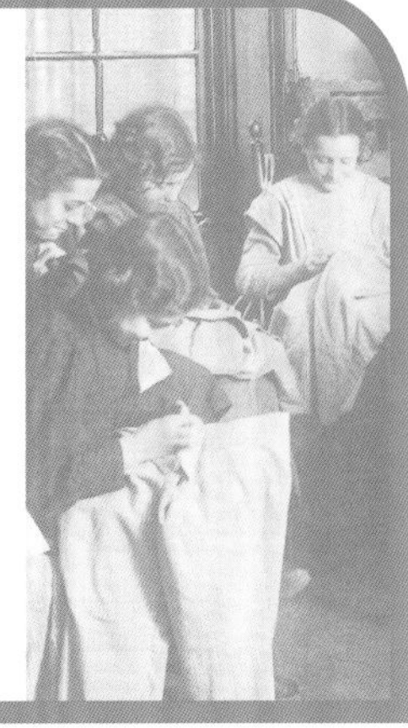

«Cuando las niñas acceden a la educación, sus países se vuelven… más prósperos».

Michelle Obama (2013)

Ver también: 96-97, 98-99

SUS PUERTAS A LAS NIÑAS, ABRIÉNDOLES ASÍ TAMBIÉN LA PUERTA A MAYORES OPORTUNIDADES

La educación actual proporciona a las niñas igualdad de oportunidades.

LA LUCHA por una causa

Hasta el siglo XVIII, las opiniones de las mujeres sobre cómo debían funcionar la sociedad y la política apenas se habían escuchado o tenido en cuenta. En aquel momento, el movimiento abolicionista, que reivindicaba el final de la esclavitud, se encontraba en fase de crecimiento. Dentro del mismo, las mujeres empezaron a alzar la voz en demanda de sus propios derechos.

Mujeres contra la esclavitud

Desde el siglo XV, las naciones europeas, y más tarde las americanas, vivieron un próspero crecimiento gracias al comercio esclavista y al trabajo de hombres, mujeres y niños que eran trasladados de manera forzosa desde África. A finales del siglo XVIII, muchas personas comenzaron a reivindicar la abolición de esta práctica tan inhumana. Sin embargo, muchos hombres abolicionistas se oponían a la participación de las mujeres activistas en sus reuniones. En Estados Unidos, las profesoras Sarah Mapps Douglass, una afroamericana de clase media, y Lucretia Mott, una cuáquera blanca, crearon la Sociedad Antiesclavista Femenina en 1833. En sus reuniones tuvieron que enfrentarse tanto a la violencia racista como a la desaprobación de los hombres. En la primera Convención Mundial contra la Esclavitud, celebrada en Londres en 1840, Mott confiaba en que la invitarían a participar. En cambio, tanto a ella como a la abolicionista Elizabeth Cady Stanton, les reservaron un sitio detrás de una cortina, desde donde podían escuchar a los hombres sin ser vistas. La frustración ante dicho trato hizo que se centraran en los derechos de las mujeres.

LIBERTAD PARA SU PUEBLO

Harriet Tubman escapó de la esclavitud en 1849, tras lo cual ayudó a cientos de esclavos fugitivos en su huida hacia el norte y la libertad a través de una red secreta, conocida como *Underground Railroad* (ferrocarril subterráneo).

Declaración de independencia

Fueron mujeres como Stanton las que equipararon la difícil situación de las mujeres con la de los esclavos, pues a ambos grupos se les negaba el derecho a la educación y al voto, así como un salario a cambio de su trabajo, y se los consideraba propiedad del hombre. En 1848, Stanton y Mott, entre otras mujeres, organizaron la primera conferencia de la historia sobre los derechos de

LAS ACTIVISTAS ANTIESCLAVITUD INICIARON LA LUCHA POR LOS DERECHOS DE LA MUJER

las mujeres, la Convención de Seneca Falls. En dicha conferencia se discutió sobre los asuntos que afectaban a las mujeres: las leyes de propiedad, el matrimonio, la educación. En su discurso de clausura, a imitación de la Declaración de Independencia de Estados Unidos, se enumeraron los derechos que se les estaban negando a las mujeres. Muchos consideran esta conferencia como el comienzo de la primera ola del feminismo estadounidense.

En la década de 1850, Elizabeth Cady Stanton y la abolicionista Susan B. Anthony fundaron asociaciones de mujeres. Poco después, activistas de todo el país iniciaron campañas de sensibilización sobre la desigualdad.

Aún falta para la igualdad

La esclavitud fue finalmente abolida en Estados Unidos en 1865. A partir de ese momento, muchas mujeres se sintieron obligadas a elegir entre luchar por el derecho al voto de todas las personas (blancas y negras) o centrarse en el sufragio femenino. Finalmente, en 1920, se concedió el derecho de voto a la mayoría de las mujeres estadounidenses.

Sin embargo, Estados Unidos seguía sin ser una nación igualitaria, pues la opresión de la población negra continuaba, especialmente en los estados del sur. Mujeres como Rosa Parks, conocida por negarse a ceder su asiento en un autobús a un hombre blanco en Alabama en 1955, desempeñaron un importante papel en el movimiento por los derechos civiles en Estados Unidos. Dicho movimiento alcanzó su objetivo primordial, al menos teóricamente, cuando se declaró ilegal la discriminación racial en aquel país en 1964, a pesar de que a las mujeres negras aún les quedaban muchos derechos por los que luchar. El activismo por los derechos civiles inspiró a muchos otros movimientos. Una nueva cultura de la protesta estaba surgiendo. En la década de 1960 y 1970, muchas mujeres de diferentes países vieron cómo se abría un nuevo mundo de posibilidades. En lo que se conoció como «segunda ola del feminismo», adoptaron estrategias de desobediencia civil en su propia lucha.

Ver también: 22-23, 24-25, 58-63

«Las Mujeres por la Abolición estamos poniendo el mundo patas arriba».

Angelina Grimké, abolicionista (1838)

Sojourner Truth

c. 1797-1883

La extraordinaria vida de Sojourner Truth hizo que su campaña por los derechos de las mujeres fuera de lo más persuasiva. Nacida esclava en Estados Unidos, con 30 años logró huir y ser libre tras décadas soportando abusos físicos y emocionales. Pronunció influyentes discursos en defensa de todas las causas que sentía como suyas, basándose a menudo en sus propias experiencias: la abolición de la esclavitud, el sufragio femenino y el derecho a la tierra de la población negra.

«... lograremos nuestros derechos, ya lo veréis; y no podréis evitarlo, ya veréis como no».

Contra viento y marea

Nacida en una hacienda esclavista del estado de Nueva York, a Sojourner la vendieron por primera vez en una subasta cuando solo tenía 9 años. A lo largo de su vida fue vendida en otras tres ocasiones, sufrió brutales palizas y perdió a dos de sus hijos. En 1826, «marchó hacia la libertad» (como ella misma describe su fuga), justo un año antes de que el estado de Nueva York liberara a toda la población esclava nacida antes de 1799.

«¿Acaso no soy mujer?»

Sojourner nunca aprendió a leer ni a escribir, pero creía en lo que decía y era muy hábil expresando lo que pensaba. Pronunció su discurso más famoso en 1851, durante la Convención por los Derechos de las Mujeres de Ohio. De forma breve y sencilla, cuestionó el punto de vista según el cual las mujeres son menos fuertes que los hombres, por lo que no merecen los mismos derechos. Desafió a quien dudara de sus palabras: «¡Miradme! ¡Mirad mis brazos! He arado y plantado, he llenado graneros... He trabajado tanto y –cuando he podido– he comido tanto como cualquier hombre. ¡Y he soportado el látigo, también! ¿Acaso no soy mujer?».

Adelantada a su época

En 1828, llevó a un blanco a los tribunales por la venta ilegal de su hijo como esclavo y ganó el juicio, convirtiéndose en ejemplo de que los antiguos esclavos podían hacer valer sus derechos. Tampoco temía enfrentarse a las figuras del abolicionismo, pues también reclamaba la igualdad de derechos para las mujeres.

Aliado temporal
Sojourner conoció al abolicionista Frederick Douglass (1817-1895) en la década de 1840. Él solía hablar a favor de los derechos de las mujeres, aunque acabó sosteniendo que era preferible priorizar la lucha por el voto para los hombres negros frente a la lucha por el voto para las mujeres.

Consciente de su valor
Alta, carismática y muy segura de sí, Sojourner se convirtió en una oradora muy popular, capaz tanto de plantarse ante muchedumbres racistas como de hacer frente a provocadores machistas. Se dio a conocer a través de retratos como este, realizado en 1863.

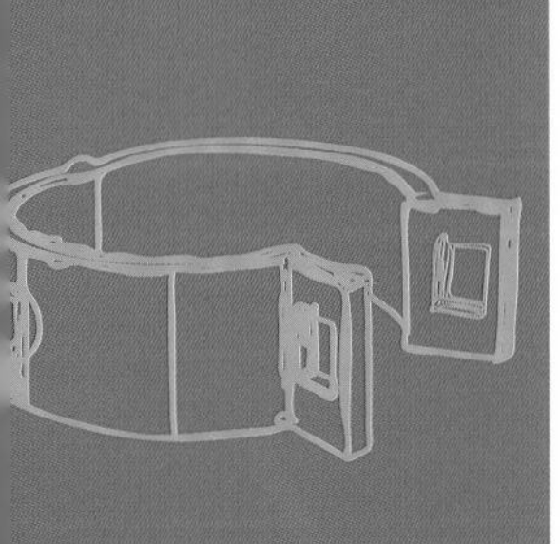

VOTO para la mujer

A día de hoy puede que las mujeres den por sentada la posibilidad de participar activamente en política. Sin embargo, fueron precisos muchos años de lucha para que las mujeres tuvieran acceso al sufragio –derecho a votar– y pudieran implicarse en la elaboración y modificación de las leyes que les concernían.

«La libertad se aprende ejerciéndola».

Clara Campoamor, activista española defensora del sufragio femenino (1888-1972)

Así estaban las cosas

En el siglo XIX, a las mujeres no se les permitía votar en la mayoría de los países del mundo. Se asumía que el papel de la mujer consistía en cuidar de la familia y la casa, y a la mayoría de las mujeres se les había hecho creer que los hombres eran los que debían representarlas con su voto.

El despertar

Las cosas empezaron a cambiar con la Revolución Industrial. Muchas más mujeres comenzaron a trabajar a tiempo completo fuera de casa, circunstancia que les ofreció la oportunidad de reunirse y organizarse en grandes grupos.

Gran Bretaña fue uno de los países occidentales que empezaron a movilizarse en favor del sufragio. En 1865, el diputado John Stuart Mill presentó en el Parlamento una petición en favor del sufragio femenino, a raíz de lo cual surgieron diversos grupos de mujeres de diferentes ámbitos sociales y étnicos para ejercer presión en defensa del mismo. Entre estos grupos se encontraban las sufragistas, lideradas por Millicent Fawcett, que trataban de ganar apoyos a través de estrategias pacíficas, y las *sufragettes*, lideradas por Emmeline Pankhurst, que pensaban que era necesario violar la ley para forzar al Gobierno a actuar.

El cambio de actitud

Nueva Zelanda fue el primer país en garantizar el sufragio femenino, en 1893. Nueve años después Australia hizo lo mismo y varios países siguieron el ejemplo tras la Primera Guerra Mundial con la aprobación de leyes del sufragio. En España las mujeres obtuvieron el derecho a voto en 1931, aunque perdieron numerosos derechos legales durante la dictadura fascista (1939-1975). Las mujeres del sur de Europa y de amplias zonas de Asia y Latinoamérica tendrían que esperar hasta el final de la Segunda Guerra Mundial y la década de 1950 para lograr el voto.

INDIA
1950

GHANA
1954

ARABIA
SAUDÍ
2011

EE. UU.
1920
ESPAÑA
1931
BRASIL
1934

FRANCIA
1944
ITALIA
1945

Ver también: 18-21, 24-25, 28,29, 140-141

Un lento avance

Así las cosas, en algunos países en los que se había aprobado el sufragio femenino todavía se producían algunas exclusiones. En Australia, las mujeres aborígenes no pudieron compartir los derechos de las mujeres blancas hasta 1962, y todavía tendrían que pasar algunas décadas antes de que las mujeres negras y las nativas americanas pudieran votar en todos los estados de EE. UU. Muchos países africanos solo pudieron garantizar el voto femenino cuando consiguieron independizarse del régimen colonial. En 1980, la mayoría de los países había legalizado el sufragio femenino, si bien en algunos las mujeres siguen teniendo dificultades para ejercer este derecho.

EL CORAJE SIEMPRE LLAMA AL CORAJE

EN MUY DIFERENTES MOMENTOS

Emmeline Pankhurst

1858-1928

Tras más de veinte años manifestándose pacíficamente con el movimiento feminista británico para conseguir el sufragio femenino (el derecho de voto), Emmeline Pankhurst llegó a la convicción de que la única forma de lograr sus objetivos pasaba por la acción directa. «Hechos, no palabras» se convirtió en el eslogan del grupo que creó: las *suffragettes*.

«No estamos aquí porque queramos infringir las leyes; estamos aquí porque queremos convertirnos en legisladoras».

Ruptura radical

Desde 1860 existían en el Reino Unido grupos que trabajaban para conseguir el voto para las mujeres, con muy escasos avances. Las marchas pacíficas enseguida dejaron de captar titulares. En 1903, Emmeline Pankhurst y sus hijas fundaron la Women's Social and Political Union (WSPU), grupo más conocido como las *suffragettes*.

Tácticas revolucionarias

Nacida en el seno de una familia de clase media muy implicada en política, Emmeline se educó entre intelectuales y activistas. Así, se inspiró en algunas de sus tácticas para que las protestas de la WSPU no pasaran desapercibidas: desde encadenarse a las vallas hasta prender fuego a los buzones de los políticos (incluso a toda su casa). Por este motivo sufrieron frecuentes arrestos, pero proseguían sus protestas en la cárcel, declarándose en huelga de hambre y negándose a comer.

Punto de inflexión

En 1914 Emmeline detuvo las protestas violentas y colaboró con el Gobierno en el reclutamiento de mujeres para contribuir a ganar la guerra. En 1918, se otorgó el derecho de voto a las mujeres de más de 30 años que tuvieran propiedades; en 1928 se amplió a todas las mujeres mayores de 21 años, justo dos semanas después del fallecimiento de Emmeline.

Madre e hija
Aquí vemos a Emmeline y a Christabel durante una de sus numerosas estancias en prisión. Para evitar la proliferación de mártires, el Gobierno solía liberar a las mujeres más debilitadas por las huelgas de hambre, para volver a arrestarlas en cuanto se recuperaban.

Hacer ruido
Emmeline Pankhurst es arrestada al intentar entregar en mano una petición al rey, el 21 de mayo de 1914. La violencia física que tuvieron que soportar las *suffragettes* mantuvo siempre su causa en el foco de atención.

En pie de GUERRA

Las dos guerras mundiales que estremecieron el siglo xx alcanzaron una dimensión nunca antes vista. Cada vez más hombres eran llamados al frente, por lo que hubo que reclutar a miles de mujeres para sustituirlos en las fábricas y las granjas, así como para colaborar en el frente interno; esto ofreció a las mujeres la oportunidad de demostrar su valía en el mundo laboral.

Su granito de arena

Las mujeres de clase obrera siempre habían trabajado, principalmente en fábricas textiles y en el servicio doméstico, pero durante la Primera Guerra Mundial (1914-1918) muchas más se incorporaron al mercado laboral para suplir la escasez de hombres. Muchas ejercieron de enfermeras o profesoras, pero otras también se incorporaron a trabajos que hasta entonces les habían estado vetados: unas trabajaron con explosivos muy peligrosos, otras se convirtieron en conductoras de autobús, o bien trabajaron en el sector ferroviario, en la industria pesada, en puestos administrativos, en tiendas o en granjas. En Inglaterra, durante la Primera Guerra Mundial, accedieron las primeras mujeres al cuerpo de policía. El trabajo femenino pasó a convertirse en un elemento crucial para la supervivencia económica de los países.

Las mujeres estaban orgullosas de desempeñar un papel activo en la guerra y de demostrar que eran capaces de llevar a cabo trabajos peligrosos y complejos. El trabajo sacó así a muchas mujeres del ámbito doméstico y las implicó en un mundo mucho más amplio que el que habían conocido hasta entonces. Muchas formaron equipos deportivos en

Las mujeres del campo mantuvieron la producción de alimentos durante la guerra.

Los puestos administrativos les brindaron nuevas oportunidades.

El duro trabajo en fábricas y astilleros dejó de ser solo «cosa de hombres».

El trabajo en las fábricas de municiones fue una importante tarea de las mujeres.

Las mujeres podían descifrar códigos... por un salario menor que los hombres.

DURANTE LAS DOS GUERRAS MUNDIALES, LAS MUJERES PASARON A LA ACCIÓN

las fábricas de municiones y los partidos de fútbol femenino llegaron a congregar a importantes multitudes. Pero cuando los hombres regresaron a casa tras el final de la guerra, se dio por hecho que las mujeres debían volver a su vida doméstica anterior, y de hecho muchas así lo hicieron. Las nuevas oportunidades que se les habían brindado parecieron desvanecerse de un día para otro.

BRUJAS NOCTURNAS

En 1941, la soviética Marina Rashkova formó un regimiento de aviadoras de combate. Sus sigilosos ataques les valieron el apodo de «brujas nocturnas». Al final de la contienda, muchas aviadoras habían realizado más de 800 misiones.

Mujeres guerreras

Cuando se declaró la Segunda Guerra Mundial (1939-1945), se volvió a acudir a las mujeres como mano de obra. La diferencia fue que esta vez muchas también ingresaron o fueron reclutadas en las fuerzas armadas. En el Reino Unido y Estados Unidos, las mujeres no iban al frente, pero trabajaban en puestos auxiliares, como operadoras de reflectores, en las unidades antiaéreas o interpretando fotografías aéreas.

En la URSS muchas mujeres sí combatieron y se formaron varias unidades aéreas femeninas. En países ocupados por los nazis, como Francia, Italia y Polonia, muchas mujeres participaron activamente en los movimientos de resistencia.

Así, fueron necesarias dos terribles guerras mundiales para que la mujer pudiera dar un primer paso hacia el mundo laboral.

En la Segunda Guerra Mundial, muchos aviones de combate fueron pilotados por aviadoras.

Ver también: 22-25, 100-103

En la Primera Guerra Mundial hubo protestas para pedir igualdad de remuneración y derechos.

Las conductoras de ambulancias trabajaron en las zonas más peligrosas.

Muchas enfermeras también fueron al frente para cuidar a los soldados heridos.

Y DERRIBARON VIEJOS PREJUICIOS SOBRE EL GÉNERO Y EL TRABAJO

¡(Des)igualdad de DERECHOS!

A mediados del siglo XIX, las feministas comenzaron a luchar por una sociedad más justa, donde las mujeres tuvieran los mismos derechos legales que los hombres. Por aquel entonces, las mujeres tenían muy pocos derechos. No podían votar y, en algunas sociedades, aún eran consideradas propiedad de sus padres o maridos.

¿Quién ostenta el poder?

La lucha por la igualdad nace porque durante siglos los hombres han gozado de más derechos que las mujeres: podían tener propiedades, algunos tenían acceso a la educación y podían votar. De este modo, el mensaje que la sociedad recibía era que las mujeres eran menos personas que los hombres, y cuando a un grupo se le considera inferior, resulta más fácil justificar un trato injusto. Por ello, durante décadas las feministas se han centrado en luchar por la igualdad social, política y económica. Han rechazado la idea de que las diferencias biológicas entre hombres y mujeres justifiquen un trato desigual. Las feministas plantean que las desigualdades que han sufrido son, en realidad, producto de estructuras e instituciones sociales que oprimen a la mujer y preservan el poder patriarcal.

LAS CINCO DE ALBERTA

Aunque la mayoría de las canadienses ya tenían derecho a voto en la década de 1920, aún estaban lejos de la igualdad política. Por ello, en 1929 cinco mujeres de Alberta lograron introducir un cambio en la ley que por fin concedió a las mujeres el estatuto legal de «personas». Antes, la ley se refería a la persona siempre como «él», en masculino; esto suponía que a las mujeres no se las reconocía legalmente.

Una modesta propuesta

Un sector clave en la lucha de la mujer por la igualdad ha sido, y sigue siendo, el legal. Las leyes organizan los ámbitos sociales, políticos, económicos y culturales de nuestra vida. La sufragista estadounidense Alice Paul redactó la Enmienda por la Igualdad de Derechos (ERA) en 1923, en la que proponía cambios en la Constitución de su país que invalidaban numerosas leyes discriminatorias hacia la mujer. Paul llevó esta enmienda al Congreso porque se sentía muy frustrada al ver que, pese a haber logrado el derecho al voto, seguían existiendo grandes discriminaciones. Con la ayuda de la feminista Betty Friedan y de la política Shirley Chisholm, contribuyeron a un cambio de tendencia, si bien la enmienda en sí no fue admitida a trámite hasta 1972. Se trató de una victoria significativa; sin embargo, cuando el plazo de votación ya tocaba a su fin, en 1982, solo 35 de los 38 estados necesarios la apoyaron, por lo que finalmente la enmienda no fue aprobada.

«Los derechos humanos son derechos de las mujeres y los derechos de las mujeres son derechos humanos».

Hilary Clinton (1995)

Una década de cambios

La década de 1970 resultó especialmente interesante en términos de cambios legales, pues las feministas se volcaron en la denuncia de las desigualdades en sectores como los salarios o el derecho al divorcio. Un momento crucial fue la Conferencia Mundial de Mujeres de la ONU de 1975, que denunció la discriminación sufrida por la mujer en todo el mundo. Cuatro años después, la Asamblea General de la ONU adoptó la Convención sobre la Eliminación de Todas las Formas de Discriminación contra la Mujer. Este tratado internacional exige a todos los países firmantes que adopten medidas que acaben con la discriminación de género en todas sus formas.

La distancia que separa las palabras de los hechos

Aunque se trata de pasos positivos, las feministas plantean que los cambios legales no son suficientes para lograr la igualdad de género. Para empezar, porque una cosa es aprobar una ley y otra aplicarla. Por ejemplo, la brecha salarial de género sigue existiendo en países donde este tipo de discriminación lleva cuarenta años expresamente prohibido. En segundo lugar, muchas feministas se quejan de que, puesto que la mayor parte de las leyes son redactadas y controladas por hombres, no siempre fomentan realmente los intereses de las mujeres. La socióloga británica Carol Smart, por ejemplo, afirma que la redacción de las leyes no siempre garantiza una protección adecuada de la mujer. Por ejemplo, según Smart, las definiciones legales de violación no reflejan con precisión lo que experimenta una mujer cuando es asaltada, y es a menudo la propia víctima la que tiene que demostrar que no dio su consentimiento. Así pues, aunque hay quien afirma que las mujeres ya han logrado la igualdad legal en algunos países, en realidad todo indica que aún queda un largo camino por recorrer.

Ver también: 22-23, 108-109, 114-115

La LIBERACIÓN de las mujeres

En las décadas que siguieron a la Segunda Guerra Mundial, coincidiendo con el proceso mundial de reorganización política, las mujeres volvieron a unirse para proseguir con la labor iniciada por las feministas de principios del siglo XX. Influidas por el Movimiento por los Derechos Civiles y las protestas estudiantiles, las mujeres de la década de 1960 se movilizaron por la igualdad y la justicia.

Ver también: 22-23, 66-67, 84-85, 106-107

Lo personal es político

En las décadas de 1960 y 1970, periodo en el que surgió lo que se conoció como la «segunda ola» del feminismo, las activistas feministas adquirieron su mayor notoriedad desde los días de las *sufragettes*. Las impulsoras de lo que pronto se denominaría Movimiento de Liberación de las Mujeres tomaron el lema «lo personal es político» como punto de partida. Dichas mujeres, inspiradas por pensadoras como Simone de Beauvoir o Betty Friedan, sostenían que numerosos aspectos de la vida personal de una mujer se encontraban controlados por los poderes políticos sexistas. Otro de los referentes más importantes del movimiento sería Kate Millett, cuyos escritos hablaban sobre cómo las mujeres interiorizan su propia opresión.

Toma de conciencia

La «falsa conciencia» se convirtió en un concepto muy importante para las activistas feministas. Se explicaba como una mentalidad que impide a las mujeres darse cuenta de la injusticia de sistemas sociales como el racismo y la dominación masculina, y, por tanto, las lleva a no cuestionarlos. Para las feministas de la segunda ola, los grupos de toma de conciencia (TC) constituyeron una parte muy importante de su programa y sirvieron para que las mujeres se sensibilizaran con la injusticia a la que se enfrentaban cada día. En los grupos TC, las mujeres se reunían para compartir y comparar sus historias personales, descubriendo a menudo experiencias comunes de aislamiento, vergüenza o miedo a la violencia. A medida que los grupos adquirieron

LA SEGUNDA OLA DEL FEMINISMO ANIMÓ A LAS

solidez, pasaron a discutir y analizar la construcción social del género.

Los logros de la segunda ola

El Movimiento de Liberación de las Mujeres sumó su voz colectiva a muchas campañas sociales de su tiempo. Así, las feministas contribuyeron significativamente al Movimiento por los Derechos Civiles, apoyaron las protestas antibelicistas y lucharon por introducir enmiendas a las leyes que les proporcionaran la igualdad de derechos. Asimismo, contribuyeron a la sensibilización sobre asuntos marginales como la violencia doméstica y el acoso sexual, y desempeñaron un papel fundamental en la flexibilización de las leyes de divorcio, el acceso a puestos educativos y la introducción de los estudios de la mujer como materia académica.

¿Liberación sexual?

Entre los cambios sociales que las feministas de la segunda ola reclamaban y contribuyeron a iniciar, quizá el más importante para las mujeres fuera aquel que les otorgó mayor control sobre su propio cuerpo. En muchos países, el activismo feminista logró que las mujeres tuvieran acceso a abortos seguros y legales, lo que redujo el miedo a embarazos no deseados y el riesgo de las intervenciones «clandestinas». De igual modo, la introducción de la píldora anticonceptiva permitió a la mujer decidir si tener o no tener hijos.

Dichas medidas –conocidas a menudo como la «revolución sexual de los 60»– pudieron haber otorgado nuevas libertades a las mujeres heterosexuales, pero en muchas ocasiones su puesta en práctica se dio en términos sexistas. Por ejemplo, se esperaba que las mujeres fueran menos cautas a la hora de mantener relaciones sexuales y que recayera sobre ellas la responsabilidad de la anticoncepción.

«Dejadnos comenzar la revolución y dejadnos comenzarla con amor».

Kate Millett, *Política sexual* (1970)

MUJERES A DEBATIR SOBRE ASUNTOS PERSONALES

EL MITO DE LA QUEMA DE SOSTENES

El Movimiento de Liberación de las Mujeres de la década de 1970 se ha asociado con la imagen de feministas quitándose el sostén y quemándolo. No se trata sino de un mito creado por los medios de comunicación, probablemente basado en una noticia sobre una protesta feminista ocurrida en un concurso de belleza en EE. UU.

Gloria Steinem

Nacida en 1934

Cabeza visible del feminismo estadounidense de las décadas de 1960 y 1970, y cofundadora de la revista Ms., Gloria Steinem es una de las feministas más famosas de Estados Unidos. A diferencia de numerosas feministas de su tiempo, que se limitaban a una visión de género propia de mujeres blancas de clase media, Steinem creía que la igualdad de género debía incluir a mujeres de todas las clases y razas. Hoy en día sigue siendo una apasionada activista, siempre dispuesta a denunciar todas las injusticias sociales.

«Las mujeres nunca lograremos un trato igualitario hasta que no haya igualdad entre los propios hombres».

Un temprano despertar

La precariedad laboral de su padre obligó a la familia a trasladarse con frecuencia, por lo que Gloria creció entre una gran diversidad. Las dificultades económicas familiares, el divorcio de sus padres y la lucha de su madre por sacar adelante a la familia posiblemente influyeran en su visión de las limitadas oportunidades de la mayoría de las mujeres. La actitud muy poco convencional de su padre hacia las normas sociales también pudo haber inspirado su tendencia a cuestionar las ideas preestablecidas.

El poder de la palabra impresa

Su carrera como periodista le brindó una plataforma para reclamar la igualdad. Así, pudo expresar sus ideas en un famoso artículo publicado en la revista *New York* en 1969, en el que urgía a la sociedad a que situara la igualdad de género en lo más alto de la agenda política. También escribió influyentes artículos sobre los derechos de las mujeres en su revista *Ms.*, que giraban en torno a «temas tabú» como la menstruación, la mutilación genital femenina, el aborto, los abusos sexuales infantiles y la violencia contra las mujeres.

Campañas políticas

Steinem se unió a las protestas contra la guerra de Vietnam y el *apartheid* en Sudáfrica. Ha luchado por los derechos del colectivo LGTB, por la educación sexual en las escuelas de EE. UU. y participó activamente en la Marcha de las Mujeres a Washington D. C. en 2017.

El poder de la igualdad
En 1972, Gloria Steinem cofundó la legendaria revista *Ms.*, junto con la activista afroamericana Dorothy Pitman Hugues. Juntas participaron en distintos actos a lo largo de la década de 1970 para promover la igualdad de derechos.

Postura activista
En sus comienzos como periodista, Steinem escribió sobre una amplia serie de temas (entre ellos un artículo sobre la cultura pop en 1965, para el cual se hizo esta fotografía). No tardó en especializarse en temas feministas.

We
Shall
overcome

Vivir SIN HOMBRES

En la década de 1970, la segunda ola del feminismo comenzó a cuestionar las relaciones entre mujeres y hombres. En una sociedad patriarcal (basada en la concentración del poder en manos de los hombres), donde se oprime a las mujeres mediante instituciones masculinas, incluyendo entre ellas las estructuras de la familia tradicional, ¿es posible que las mujeres mantengan relaciones igualitarias con los hombres?

Ver también: 14-15, 66-67, 70-71

Lo sexual también es político

En 1970, la feminista australiana Germaine Greer provocó un terremoto social al desafiar la dominación masculina en la familia tradicional occidental. En su libro *La mujer eunuco*, Greer argumenta que las mujeres deben rechazar los roles que se les adjudican como esposas y madres y tomar el control de su propia vida. Esto condujo a otras feministas a cuestionar también sus relaciones con los hombres. Ese mismo año, Kate Millett, en su libro *Política sexual*, sugirió que todas las relaciones entre hombres y mujeres son relaciones de poder, que la sociedad se basa en los estereotipos de la mujer sometida y el macho dominante, y que esta es la base de instituciones sociales clave, como el matrimonio, la religión o la educación. Millett señala que la maternidad, la crianza y el control de la natalidad resultan cruciales para mantener la opresión de la mujer. Pero esta dimensión política queda oculta porque las instituciones patriarcales presentan estas relaciones como «naturales».

«No puede ser que el estatus de una mujer dependa de su habilidad para atraer y atrapar a un hombre».

Germaine Greer, *La mujer eunuco* (1970)

¿Heterosexualidad obligatoria?

Para algunas, la forma de evitar participar en la desigualdad de género consiste en rechazar la heterosexualidad en sí misma, lo que la feminista estadounidense Marilyn Frye denominó «separatismo». En 1979, el British Leeds Revolutionary Feminist Group acuñó el término «lesbianismo político». Plantea que las mujeres deben desvincularse de toda relación social y sexual con los hombres, sin que esto suponga necesariamente mantener relaciones sexuales con mujeres.

Estas ideas las planteó la poeta feminista Adrienne Rich en su ensayo *La heterosexualidad obligatoria y la existencia lesbiana* (1980). Rich sugiere que la heterosexualidad no tiene por qué ser la opción más natural para una mujer, sino que se trata más bien de una imposición social. La sociedad convence a la mujer de que el matrimonio resulta inevitable, apoyándose en la «ideología del romance heterosexual»: historias que siempre acaban con un final feliz, como en los cuentos infantiles, en las películas de Hollywood y en las canciones pop. En estas historias también se enseña a la mujer que las amistades entre mujeres no son tan importantes como el amor romántico heterosexual y que el lesbianismo es una desviación; de hecho, se suele representar a las demás mujeres como rivales en competición por el afecto del hombre.

El «continuum lesbiano»

Para contrarrestar estos relatos, Rich propone la idea del «continuum lesbiano», que sería como una línea en la cual toda mujer puede situarse, entre el lesbianismo político en un extremo y el otro extremo para aquellas mujeres que prefieran desarrollar todas sus relaciones, tanto sexuales como políticas, con otras mujeres. En otras palabras, Rich cree que toda mujer es una lesbiana en potencia.

Sin embargo, este feminismo lesbiano no tuvo una amplia aceptación. En 1969, la feminista Betty Friedan acusó a las lesbianas de constituir una «amenaza violeta» a la respetabilidad del feminismo. Otras feministas también criticaron a Rich por idealizar el lesbianismo e ignorar las opresiones que también tenían que sufrir muchas lesbianas.

EL LESBIANISMO POLÍTICO SUGIERE QUE TODAS LAS MUJERES SON LESBIANAS EN POTENCIA

ABOLICIÓN DEL GÉNERO

En los años ochenta, la teórica lesbiana y feminista francesa Monique Wittig propuso que, para que las mujeres fueran realmente independientes de los hombres, había que rechazar las categorías de «hombre» y «mujer». En su opinión, los prejuicios sobre las diferencias sexuales se utilizan para imponer las relaciones heterosexuales como norma.

REACCIÓN

A lo largo de la historia, a los periodos de avance en la lucha feminista les han seguido habitualmente retrocesos antifeministas. En la década de 1980, por ejemplo, resurgieron con fuerza en los medios de comunicación las viejas ideas sobre la masculinidad y los roles familiares tradicionales, con la intención de desbaratar las conquistas de las mujeres.

La guerra contra las mujeres

La periodista estadounidense Susan Faludi, en su libro de 1991 *Reacción: la guerra no declarada contra la mujer moderna,* analiza las representaciones culturales populares del feminismo durante los ochenta. La conclusión de esta autora es que el mensaje imperante en los medios y en la cultura popular consistía en que el feminismo solo había traído problemas a las mujeres: el precio por su mayor independencia es una gran soledad, infantilismo y desorientación sobre su lugar en el mundo. La prensa estaba llena de artículos que atribuían al feminismo todo mal que aquejara a las mujeres. Las películas de Hollywood representaban a las mujeres independientes como peligrosas e inestables. Y los libros de autoayuda aseguraban que muchas mujeres se sentían vacías porque ya no estaban cumpliendo su «rol natural».

Un mundo posfeminista

La política en Occidente en los años ochenta estaba dominada por una ideología llamada «neoliberalismo», un enfoque que premia el individualismo y la libertad de elección personal, tendiendo, por lo tanto, a considerar a los individuos responsables de cuanto les suceda en la vida. Desde esta perspectiva, el género no constituye un obstáculo para progresar personalmente. En la década

EL COMPLEJO DE LA MODA

La socióloga británica Angela McRobbie habla de la «complejidad de la reacción» desde mediados de la década de 1990. En su opinión, el «complejo de moda y belleza» se ha apoderado de las mujeres jóvenes. Las mujeres parecen haber ganado igualdad, pero la obsesión consumista por la feminidad las anima a centrarse en sí mismas, y no en el bien común.

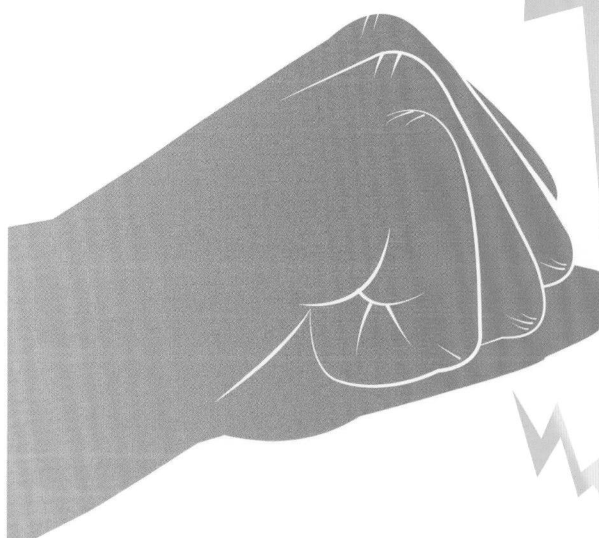

A LO LARGO DE LA HISTORIA, A LOS PERIODOS DE

> «¿Cómo se ha convertido la palabra "feminista" en un insulto?»
>
> Debra Baker Beck, *The F Word* (1998)

anterior se habían logrado muchos cambios legales que beneficiaron a las mujeres y que, junto con las iniciativas por la libertad de elección, llevaron a algunas personas a reconocer que el feminismo había cumplido su papel, pero que tanta igualdad estaba haciendo infelices a las mujeres. Las feministas denominan esto «planteamientos posfeministas». Tanto el posfeminismo como el neoliberalismo consideran la competición entre personas como algo natural, un pensamiento que imposibilita la solidaridad feminista.

¿Misión cumplida?

Faludi señala que las mujeres estadounidenses aún están lejos de haber logrado la igualdad. En el trabajo, siguen ganando menos que los hombres. El acceso a la anticoncepción ha empeorado. Las becas de estudio siguen favoreciendo a los hombres. Y en muchos estados del país sigue siendo legal que un hombre viole a su esposa. Así pues, en su opinión, la reacción antifeminista no se debe tanto a que las mujeres ya hayan logrado la igualdad en derechos, sino más bien a la creciente posibilidad de que lleguen a lograrla. El discurso mediático, por tanto, no deja de ser un «ataque preventivo» para evitar la plena igualdad.

Manipulación mediática

Muchas feministas han analizado este fenómeno de la reacción antifeminista. La investigadora estadounidense Debra Baker Beck planteaba en 1998 que las representaciones negativas de la mujer independiente y feminista en los medios de comunicación habían provocado una creciente reticencia a identificarse como feminista. La socióloga británica Angela McRobbie observa que, en los noventa, el movimiento feminista fue objeto de burla y desprecio, de manera que las chicas ya no querían que las identificaran con él. Incluso hoy en día, pocas mujeres se declaran feministas: por ejemplo, solo un 9% de las mujeres británicas dice serlo, según una encuesta de 2016 de Fawcett Society. ¿Habrán logrado los mensajes negativos dejar una huella duradera?

Ver también: 118-119, 128-129

PROGRESO HAN SEGUIDO PERIODOS DE REACCIÓN

'Girl POWER'

En 1996, la expresión *girl power* estaba en boca de todo el mundo. Procedente del movimiento punk, esta nueva corriente del feminismo arraigó rápidamente en la cultura popular. Viene a demostrar que las chicas pueden ser divertidas, independientes y controlar su propia vida. Pero este mensaje de poder femenino ¿ha logrado realmente empoderar a las mujeres?

Angry grrls ('chicas malas')

Unos años antes de la aparición del *girl power*, surgieron en Estados Unidos una serie de artistas y músicas punk. Uno de los grupos más destacados fue Guerrilla Girls, un colectivo de artistas activistas feministas formado en 1985. Diseñaban carteles impactantes para denunciar las desigualdades de género y de raza, como la escasez de mujeres negras en las galerías de arte.

A comienzos de la década de 1990, surgió otro influyente movimiento en la escena punk estadounidense. Conocido como Riot Grrrl, publicó su propio manifiesto y su fanzines, en los que abordaron temas clave para las mujeres, como los trastornos alimentarios, las relaciones y los abusos sexuales.

Aparecieron también otros cómics y fanzines por y para mujeres, como *Girl Power* y *Girl Germs*, que se convirtieron en símbolos populares de este movimiento de «chicas malas». Bandas musicales como Bikini Kill abanderaron la causa para promover un resurgimiento del feminismo, pero los grandes medios de comunicación se volvieron contra ellas debido a sus escandalosas tácticas.

Ver también: 30-31

El famoso tema *Wannabe* de Spice Girls sigue siendo el *single* más vendido de una banda femenina.

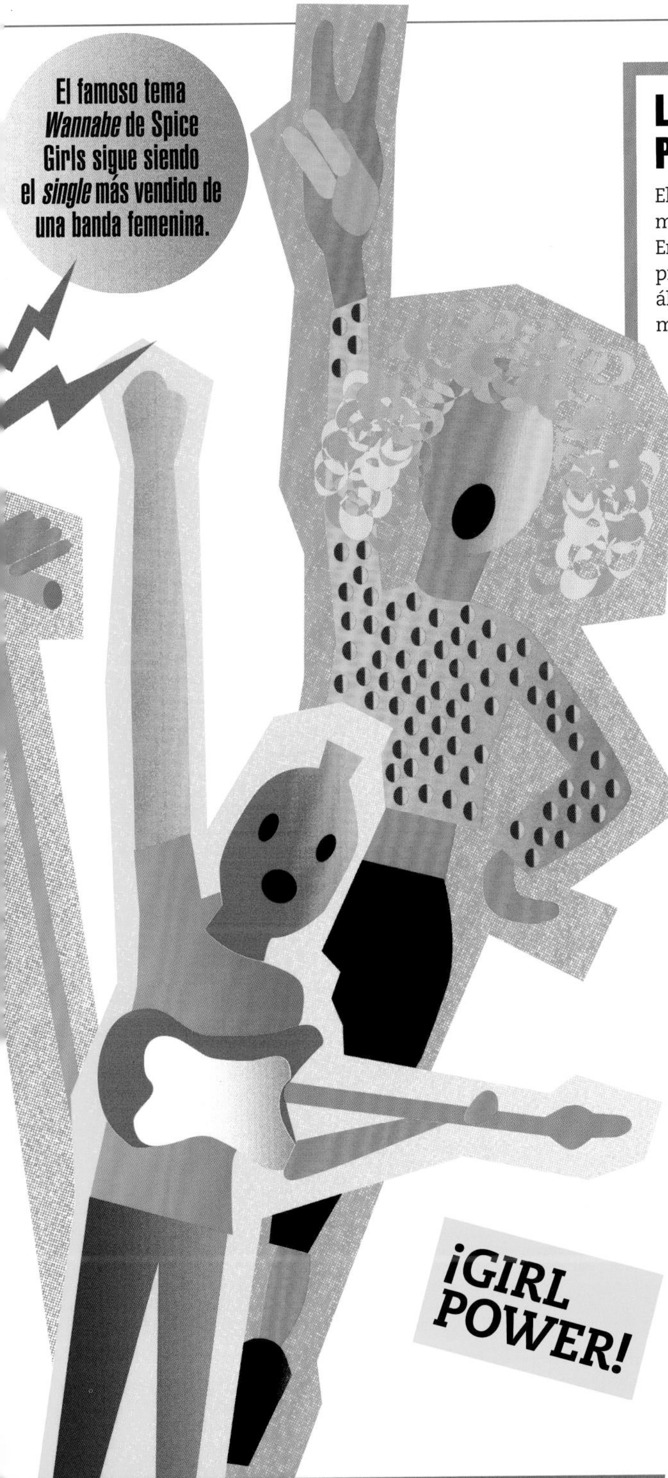

LAS DAMAS PRIMERO

El rap de los ochenta era muy masculino y machista. En 1988, MC Lyte fue la primera mujer en sacar un álbum de rap en solitario, mientras la rapera Queen Latifah (en la foto) cantaba *Ladies First* (*Las damas primero*), criticando el machismo.

Las «chicas picantes»

Entonces irrumpieron las Spice Girls. Sus canciones desenfadadas sobre la amistad entre mujeres tal vez no traten temas de tanto peso como otras bandas femeninas, pero sí llegaron a públicos muy amplios. Las Spice Girls se convirtieron además en unas de las pocas bandas exclusivamente femeninas en una escena musical hasta entonces básicamente poblada por bandas de chicos. Mientras la «spicemanía» subía como la espuma, el activismo de las Riot Grrrl fue derivando hacia planteamientos más populares y divertidos.

¿Nuevos aires para el feminismo?

Muchas feministas criticaron a las Spice Girls, acusándolas de reforzar los estereotipos machistas sobre el aspecto femenino. Esta banda formaba parte de una derivación más amplia de la tercera ola del feminismo, denominada «feminismo de pintalabios». Este nuevo feminismo pretende conciliar un aspecto *sexy* con un mensaje de poder femenino. El resultado es un fenómeno muy popular, pero también criticado por estar muy vinculado al consumismo.

Hoy en día ya hay muchas artistas feministas en primera línea de la escena, como Beyoncé. Con todo, la subcultura punk también se ha propagado mucho, como hemos podido ver en las acciones de la banda punk feminista rusa Pussy Riot.

¡GIRL POWER!

FEMINISTAS EN ACTUACIONES Y CARTELES

SEXISMO cotidiano

El sexismo es el prejuicio que se basa en el sexo, habitualmente dirigido contra las mujeres y las niñas. Los comportamientos y actitudes sexistas refuerzan los roles de género estereotípicos. El sexismo cotidiano incluye desde la discriminación de alguien por su sexo hasta el acoso sexual en la calle o en el lugar de trabajo.

Cultura sexista

Muchas mujeres y niñas tienden a minimizar su propia experiencia frente al sexismo, a menudo porque no reconocen ciertos comportamientos como sexistas. En 2012, la activista británica Laura Bates fundó el Proyecto Sexismo Cotidiano *(Everyday Sexism Project)* con la intención de cambiar dicha tendencia. El proyecto comenzó con una página web en la que mujeres y niñas podían compartir sus experiencias, tras lo cual pronto se hizo evidente que los comportamientos sexistas son preocupantemente habituales. Estas actitudes tienen lugar en las calles, los colegios, las universidades, el trabajo, la política e internet. El sexismo puede ser intencionado o no, pero comportamientos como ignorar a las mujeres en reuniones, usar el pronombre «él» cuando hablamos de profesionales, olvidarse de las mujeres a la hora de los ascensos en las empresas u obligarlas a ajustarse a códigos de vestimenta sexistas contribuyen a respaldar y normalizar la cultura sexista.

¿De quién son las calles?

La académica australiana Raewyn Connell considera el acoso callejero como el refuerzo de la idea de que los espacios públicos son espacios masculinos, en los que las mujeres no deben sentirse bienvenidas a menos que acaten las normas. Así, las mujeres constituyen

LAS CHICAS SON SOMETIDAS A UN GOTEO CONSTANTE DE SEXISMO

> **«El ruido de fondo del acoso... está conectado con la violencia y la violación».**
>
> **Laura Bates, *Sexismo cotidiano* (2014)**

mercancías para el entretenimiento y placer de los hombres. Si bien, a menudo, dichos comportamientos se consideran triviales, muchas feministas creen que el acoso callejero debe entenderse como control masculino sobre el cuerpo de la mujer, y actúa como mecanismo para crear una sociedad que tolera y normaliza el acoso y el abuso sexual.

El sexismo, un viejo conocido

Los descubrimientos del proyecto de Bates no son nuevos. En 1989 la escritora Joan Smith publicó *Misogynies*, una colección de ensayos que ejemplificaban las numerosas maneras en que las mujeres se encontraban con el sexismo a diario. Casi treinta años más tarde, el trabajo de Bates ha revelado lo poco que han cambiado las cosas. Las tasas de condena por los pocos casos de violación que se denuncian son todavía bajas, la televisión aún se deleita con la violencia contra las mujeres y los anuncios y las revistas siguen mostrándolas con imágenes sexualizadoras. Smith opina que actualmente el odio hacia las mujeres está más generalizado que nunca.

¡Basta ya!

Cuando las mujeres son conscientes del sexismo al que se enfrentan, ya no pueden aceptarlo como «normal». Redes sociales como Twitter están ofreciendo una plataforma en la que las mujeres pueden contar sus historias para que se las escuche a una escala sin precedentes.

SEXISMO EN LOS COLEGIOS

El Proyecto Sexismo Cotidiano descubrió que a las niñas en los colegios les cuesta mucho hacer frente al acoso sexual. Laura Bates argumenta que esto se debe a la fuerza tremenda de los estereotipos de género. Cuando los chicos hacen comentarios, a veces de tipo sexual, sobre el aspecto de las chicas, estas los normalizan argumentando que «los chicos son así».

Ver también: 42-43, 92-93

#MeToo

El movimiento #MeToo ('Yo también') contra el acoso y las agresiones sexuales surgió en octubre de 2017, cuando una serie de mujeres que trabajaban en Hollywood y en los medios de comunicación comenzaron a compartir historias sobre los abusos que habían sufrido a manos de hombres poderosos del sector. El movimiento se propagó rápidamente, convirtiéndose en una poderosa herramienta de denuncia.

Solidaridad compartida

Fue la activista afroamericana Tarana Burke quien comenzó a usar el lema «Me Too» en 2006, como parte de una campaña de empoderamiento de las jóvenes negras que habían sufrido algún tipo de abuso sexual.

De aquí pasamos a Hollywood y al año 2017, cuando al productor Harvey Weinstein se le acusó de conductas indebidas (entre ellas agresión sexual y violación) hacia varias mujeres con las que había trabajado. Fue juzgado en 2018, aunque él negó todas las acusaciones. Como parte de una campaña de sensibilización en torno al sexismo y la misoginia en los medios de comunicación, la actriz Alyssa Milano propuso usar el *hashtag* #MeToo para que toda mujer pudiera compartir sus experiencias, demostrando así lo comunes que son este tipo de abusos. Esto quedó inmediatamente patente y muchos hombres más fueron acusados de abusar de sus puestos de poder. #MeToo no tardó en convertirse en un fenómeno mundial.

¿Caza de brujas?

La campaña #MeToo también ha recibido críticas. Muchos hombres importantes, entre ellos el presidente estadounidense Donald Trump (también él acusado de conductas similares), han denunciado que el fenómeno está yendo

> **«Hay que considerar y abordar todos y cada uno de los casos de acoso sexual».**
>
> **Tarana Burke, fundadora de MeToo (2018)**

demasiado lejos. Por otro lado, en una carta abierta publicada en el periódico *Le Monde*, la actriz Catherine Deneuve y otras 99 mujeres francesas han criticado este movimiento, defendiendo «la libertad para importunar, indispensable para la libertad sexual». Han acusado a #MeToo, y a su equivalente francés #BalanceTonPorc ('Denuncia al cerdo'), de iniciar una ofensiva puritana y sostienen que «el impulso sexual es por naturaleza ofensivo y salvaje». La controvertida feminista australiana Germaine Greer, por su parte, ha declarado que los ejemplos de acoso sexual denunciados son hechos menores, haciendo un llamamiento a las mujeres para que se dejen de lamentos y se endurezcan un poco.

Otras críticas plantean que #MeToo es un espacio copado por mujeres blancas privilegiadas o bien que confunde acoso con violación. Sin embargo, la autora de *Surviving Sexual Violence* (1988), Liz Kelly, afirma que toda muestra de violencia sexual puede ser considerada como parte de un todo y que una forma puede conducir a la siguiente.

A finales de 2017, se habían enviado 1,7 millones de tuits que incluían el *hashtag* #MeToo.

TIME'S UP

A raíz del movimiento #MeToo, ha surgido la organización Time's Up ('Se acabó'), para luchar contra el acoso sexual y por la igualdad en el trabajo. Como forma de apoyo, muchas famosas se han vestido de negro para desfilar por la alfombra roja de diversos eventos, entre ellas la actriz Cate Blanchett.

Juntas somos más fuertes

El movimiento #MeToo ha demostrado que la solidaridad es muy poderosa y que puede desencadenar cambios sociales. Millones de mujeres reconocen que han sido agredidas por las mismas fuerzas del sexismo y se han unido para reclamar el final de dicho fenómeno. Cuando tantas mujeres aseguran haber sufrido el mismo tipo de agresión sexista, resulta más fácil creer que el problema va más allá de individuos y casos concretos, pues en realidad tiene que ver con toda una cultura sexista. El reconocimiento público del problema puede contribuir a que dejemos de considerar el acoso sexual como algo normal y a ponerle freno.

Ver también: 40-41, 88-89

Chimamanda Ngozi Adichie

Nacida en 1977

Chimamanda Ngozi Adichie escribe y habla sobre su experiencia como mujer negra y sobre el significado de ser mujer en el siglo XXI. De origen nigeriano, Adichie ha escrito varios libros de éxito y se ha convertido en una de las portavoces del feminismo gracias a su presencia en las redes sociales.

«He decidido no volver a disculparme nunca más... Quiero que se me respete en toda mi feminidad porque lo merezco».

Una africana en América

Adichie nació en Nigeria y a los 19 años se trasladó a EE. UU. para estudiar. A los 26 escribió su primera novela, *La flor púrpura,* a la que seguiría la galardonada *Medio sol amarillo*. Sus libros se estudian en los colegios estadounidenses y también se ha convertido en una personalidad en los medios de comunicación en temas como el racismo o el sexismo.

Todos deberíamos ser feministas

En 2013, Adichie causó sensación con su charla TED «Todos deberíamos ser feministas», en la que instaba a todo el mundo a tomar partido contra el sexismo. Según sus palabras, «una persona feminista es un hombre o una mujer que dice: sí, existe un problema con el género hoy en día y debemos solucionarlo... Todos, mujeres y hombres, debemos mejorar». Su mensaje se difundió por todo el mundo a través de las redes sociales, donde 4 millones de personas vieron el vídeo. La estrella del pop Beyoncé hizo un *sampler* de su discurso, la marca de moda Dior usó su lema en las camisetas de la firma y en Suecia se convirtió en un libro cuyos ejemplares se distribuyeron entre adolescentes de 16 años.

Ser una misma

Uno de los mensajes de Adichie es que todas las personas sufrimos como consecuencia de los roles de género a los que nos adherimos. Según ella, enseñamos a los hombres a temer el miedo y la debilidad, y a las niñas a acobardarse, a no tener demasiada ambición.

Autora premiada
Adichie se enfrentó por primera vez al racismo cuando se trasladó a EE. UU. en 1996. Escribió sobre sus experiencias en su premiado libro *Americanah* (2013).

Ejemplo para las mujeres
Adichie en la VIII Cumbre Anual de Mujeres del Mundo, en Nueva York en 2017. Adichie se ha convertido en un poderoso ejemplo femenino. Su historia personal ilustra algunas de las cuestiones más candentes a las que las mujeres se enfrentan en todo el mundo.

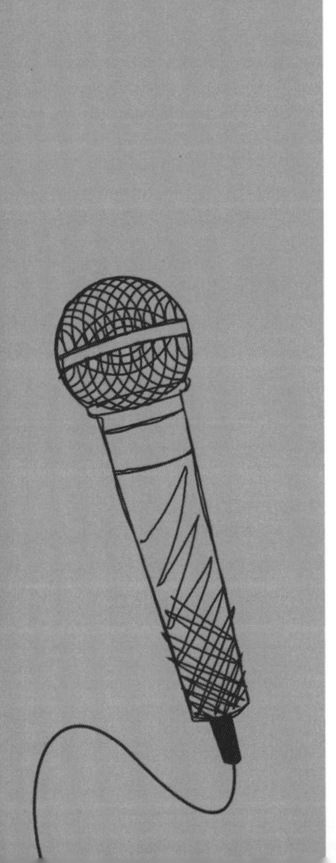

CUERPO e IDENTIDAD

¿Son IGUALES el hombre y la mujer?

NEUROSEXISMO

¿Las niñas NACEN o SE HACEN?

¿Es el GÉNERO algo fijo?

IDENTIDADES entrecruzadas

MUJERISMO

¿Qué significa ser mujer? El feminismo ha planteado si la identidad de género es algo natural o social. Muchas feministas creen que lo que se asume como comportamiento natural femenino es una creación de las expectativas sociales sobre la mujer. Otras han analizado cómo el género se entrecruza con otros aspectos de la identidad y se han preguntado cómo hacer del feminismo algo inclusivo para todas las mujeres.

¿Son IGUALES el hombre y la mujer?

¿Qué hace que una mujer sea una mujer y un hombre sea un hombre? La respuesta rápida para muchos es la biología, pero ¿es una explicación siempre válida? ¿En qué medida somos diferentes y cómo afectan las diferencias físicas a nuestras expectativas para hombres y mujeres?

El cuerpo importa

Por lo general, los hombres suelen ser más altos, pesar más y tener más pelo que las mujeres, además de las obvias diferencias reproductivas: los hombres tienen testículos y pene; las mujeres, ovarios, vagina, pechos y caderas más anchas. Se suele pensar en el cuerpo del hombre y el de la mujer como claramente clasificables en dos categorías bien diferenciadas, si bien en realidad existen numerosos solapamientos: muchas mujeres tienen abundante vello facial y muchos hombres pechos prominentes, por ejemplo. Al final, son sobre todo las normas sociales las que acentúan las diferencias entre mujeres y hombres, por ejemplo mediante la presión social para que las mujeres se depilen el vello corporal.

Las chicas son diferentes

Ver también: 50-51, 52-53, 78-79, 102-103

Tal vez la diferencia más obvia entre el cuerpo masculino y el femenino sea su distinto papel en la reproducción. Para la mayoría de las chicas, la pubertad supone el comienzo de la menstruación como preparación para un posible embarazo y parto. La tendencia más radical de la segunda ola del feminismo vio, de hecho, en la maternidad una fuente de opresión para la mujer. En *The Dialectic of Sex* (1970), la feminista Shulamith Firestone sugiere que las características biológicas de la mujer la han situado en inferioridad de condiciones con respecto al hombre, debido a la dependencia que tiene de este en momentos como el embarazo, el parto y la crianza de los hijos. Firestone plantea que la tecnología, como el control de la natalidad y la reproducción artificial, pueden facilitar la liberación de la mujer, de manera que «las diferencias genitales entre seres humanos ya no tengan ninguna importancia cultural».

Sin embargo, no solo se ha utilizado la maternidad para controlar a las mujeres: en numerosas culturas, los tabúes en torno a la menstruación también restringen su libertad de movimientos, incluso hoy en día. Algunas de las grandes religiones prohíben a las mujeres acudir al templo mientras tengan el periodo, y en algunos casos incluso les impiden entrar en la cocina, tocar a otras personas o dormir junto a ellas, o ir al colegio durante esos días.

FUERTE... COMO UNA CHICA

La feminista estadounidense Iris Marion Young plantea que, aunque efectivamente haya diferencias físicas entre hombres y mujeres, estas pueden haberse exagerado tras años de usar nuestro cuerpo de manera diferente. Se enseña a las niñas que son frágiles y vulnerables, por lo que normalmente no llegan a aprovechar todo su potencial físico.

Esencialismo biológico

Hay quien piensa que ciertas diferencias percibidas entre géneros –atributos que suelen asociarse a cada uno, como la seguridad y el liderazgo al hombre y la empatía a la mujer– son resultado de las diferencias biológicas entre la mujer y el hombre. Esto es lo que se conoce como «esencialismo biológico». Las feministas suelen rechazar con firmeza este planteamiento, pues supone considerar los «rasgos masculinos» y los «rasgos femeninos» como innatos, argumento que se ha usado a menudo para justificar la subordinación de la mujer. Así pues, muchas feministas prefieren adoptar lo que se conoce como «enfoque constructivista»: considerar las diferencias de género como una construcción social, un producto de la sociedad.

«Las diferencias del cuerpo de la mujer han servido para sustentar desigualdades estructurales».

Iris Marion Young (2005)

NEUROSEXISMO

A veces hombres y mujeres parecen tan diferentes que bien podrían pertenecer a especies distintas. Esta idea de que piensan y sienten de manera diferente está profundamente arraigada en nuestra sociedad, pero ¿existe realmente una mente masculina y una mente femenina?

¿Tiene género el cerebro?

Ciertamente, existen algunas diferencias fisiológicas entre el cerebro masculino y el femenino. De media, el cerebro de los hombres es más grande y pesado que el de la mujer, pero también hay áreas cerebrales específicas que son diferentes. El córtex cerebral (responsable de facultades como el lenguaje o la inteligencia) suele ser más grueso en las mujeres, mientras que el hipocampo (responsable de la memoria) es más grande en los hombres. No obstante, los investigadores siguen sin tener claro si tales diferencias afectan realmente a la forma de comportarse de unos y otras.

Un tema polémico

Algunos psicólogos, como el británico Simon Baron-Cohen, han sugerido que las diferencias entre el cerebro del hombre y el de la mujer producen diferentes rasgos caracterológicos; por ejemplo, los hombres tienden a ser más competitivos y las mujeres más maternales. Otros aseguran que los hombres tienen en general mejor conciencia espacial y habilidades numéricas, mientras que las mujeres son mejores en ámbitos como la comunicación y la empatía.

No obstante, todas estas ideas son siempre objeto de controversia. Aunque sí parece que mujeres y hombres obtienen resultados diferentes en determinadas tareas cognitivas, no hay evidencias de que esto sea debido a diferencias cerebrales innatas. La idea de que exista algo parecido a un cerebro típicamente masculino y uno femenino se denomina «neurosexismo».

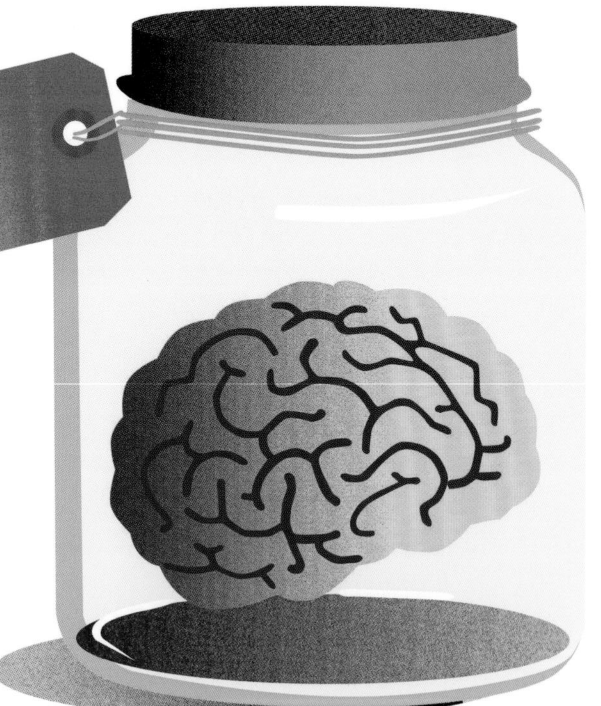

«El cerebro es un órgano unisex».

Lise Eliot (2018)

NO EXISTE UN CEREBRO

No hay dos iguales

En 2015, la psicóloga israelí Daphna Joel llevó a cabo una investigación que ha demostrado que hay más similitudes que diferencias entre el cerebro del hombre y el de la mujer. Su equipo analizó hasta 1.400 escáneres cerebrales y halló 29 zonas que parecían diferentes. Sin embargo, la mayoría de los cerebros mostraban una combinación única de ambos tipos de características, por lo que, obviamente, no podían identificarse como pertenecientes a un sexo en concreto. Joel llegó a la conclusión de que el cerebro humano no puede ser categorizado en dos tipos diferentes.

Neuroplasticidad

El intento de encontrar vínculos entre las diferencias en las estructuras cerebrales y el comportamiento se complica aún más por el hecho de que el cerebro de una persona cambia a lo largo de su vida, en función de sus experiencias. Esta idea se conoce como «neuroplasticidad». Lise Eliot, profesora estadounidense de neurociencia, ha explorado esta idea en su libro *Pink Brain, Blue Brain* (2009). En él sugiere que las mínimas diferencias cerebrales entre niñas y niños se ven amplificadas por las expectativas culturales de comportamiento según el género. Los niños a los que se anima a jugar con puzles y juguetes de construcción tienden a desarrollar una mejor conciencia espacial que las niñas que juegan con muñecas.

'TESTOSTERONA REX'

Se dice que los altos niveles de testosterona de los hombres los hacen más competitivos y agresivos. En su libro *Testosterona Rex* (2017), la psicóloga Cordelia Fine plantea que esto es un mito; las hormonas son uno de los factores que influye en el comportamiento y que estas características tan «masculinas» no son innatas, sino socialmente construidas.

El peligro de los mitos

En definitiva, no sabemos si las leves diferencias cerebrales entre hombres y mujeres tienen alguna influencia en su comportamiento. Las feministas llevan tiempo planteando que los rasgos de personalidad que asociamos a los hombres –como la agresividad– o a las mujeres –como la empatía– no son inherentemente masculinos o femeninos, sino el resultado de vivir en una sociedad que recompensa en los hombres ciertos rasgos que, sin embargo, penaliza en las mujeres.

Ver también: 52-53, 78-79

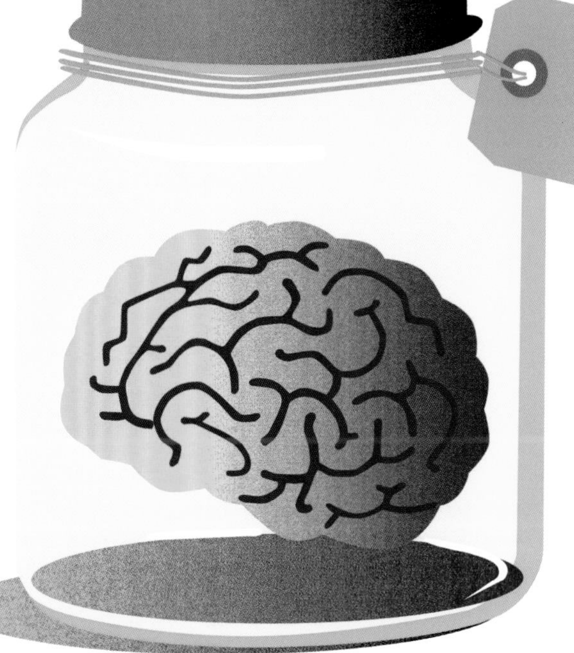

«MASCULINO» Y OTRO «FEMENINO»

¿Las niñas NACEN o SE HACEN?

Buena parte de lo que nos hace ver a alguien como hombre o mujer no tiene nada que ver con su sexo sino con su género, esto es, el modo en que cada persona se presenta a sí misma. Cuando Simone de Beauvoir afirmó en 1949 «no se nace mujer, se llega a serlo», estaba abriendo el camino a las teóricas feministas, que desde entonces empezarían a analizar si el género es algo innato o aprendido.

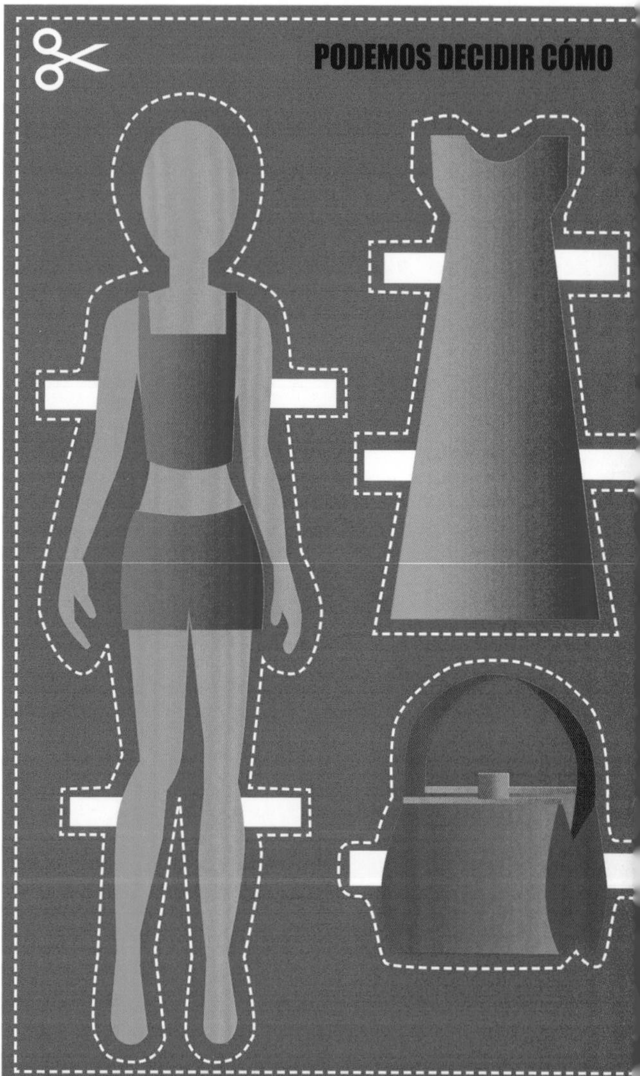

Sexo, género y sociedad

En *El segundo sexo*, la feminista francesa Simone de Beauvoir planteó que son los hombres los que construyen la sociedad, por lo que el concepto de «mujer» lo comprendemos a través de sus ojos. Así, lo masculino es la norma privilegiada y lo femenino se convierte en lo marginado o «lo otro». De Beauvoir se refería a nuestros conceptos de hombre y mujer no solo como cuerpos físicos, sino todo lo que hace que los percibamos como masculino o femenino. Y sostenía que las ideas sobre lo que convierte a una persona en hombre o mujer son una creación social.

Sexo y género

Las feministas de la segunda ola indagaron en esta idea del género como una cualidad independiente del sexo. Este haría referencia a las categorías biológicas diferenciadas de «macho» y «hembra», basadas en cromosomas, hormonas y órganos sexuales; el género, por su parte, describiría la «masculinidad» o «feminidad» en función de sus diferencias culturales y sociales (su comportamiento, sus gestos y su modo de presentarse). Con el tiempo, el género como concepto se fue distanciando del sexo físico y se entendía más como un aprendizaje y una influencia social que como algo innato. A esta idea se la denominó «construcción social» de

Ver también: 48-49, 56-57, 72-73, 78-79

género. La socióloga británica Ann Oakley, en su tratado *Sexo, género y sociedad* (1972), sugería que la cultura occidental tiende a exagerar las diferencias de género y que deberíamos pensar en este como un todo más que como dos opuestos binarios.

Construir el género

Las feministas han demostrado las múltiples maneras en que el género se construye a través de la ropa y los peinados que llevamos, las aficiones y los trabajos que preferimos y los nombres que nos ponen nuestros padres. Todo esto viene determinado por la cultura. Las feministas sostienen que son estas clasificaciones las que establecen las diferencias entre los sexos. Judith Butler, teórica estadounidense, ve el género como algo «performativo» que no se basa en «esencia» biológica alguna sobre lo que es ser un hombre o una mujer, sino que es algo que construimos en nuestras interacciones sociales y que, en última instancia, se convierte en algo natural. En este sentido, el género es algo que hacemos, más que algo con lo que nacemos.

Más allá del género binario

Si pensamos en el género de esta manera podemos ver que hombres y mujeres pueden expresar cualidades masculinas y femeninas. Asimismo, si el género es una construcción social, también lo son las relaciones de poder desiguales. Si reconocemos esto, será posible transformar la sociedad y aproximarnos a la igualdad.

'BACHA POSH'

En zonas de Afganistán, un país en el que los niños son símbolo de prestigio social y gozan de privilegios negados a las niñas, como el acceso a la educación, las familias a veces educan a sus hijas como hijos. El *Bacha posh* ('disfrazado de niño') es una reacción a una sociedad que discrimina por género, pero también muestra que las trampas asociadas al género tienen origen en la educación.

> «Actuamos, andamos y hablamos de un modo que refuerza la impresión de que somos hombre o mujer».
>
> Judith Butler (2011)

Simone de Beauvoir

1908-1986

Recurriendo a su agudo intelecto para analizar y cuestionar el papel que la sociedad espera que desempeñe la mujer, esta filósofa francesa escribió uno de los textos feministas más influyentes: *El segundo sexo*. Vivió conforme a sus ideales y su trabajo aún resuena entre las feministas.

«No se nace mujer, se llega a serlo».

¿La mujer nace o se hace?

Cuando Simone de Beauvoir cuestionó por primera vez la idea de que la maternidad era el papel más pleno que podía desempeñar toda mujer, la controversia no tardó en surgir. Se planteó la pregunta de hasta qué punto las mujeres nacen para cuidar a los hombres y desempeñar siempre un papel secundario en la sociedad, o bien se las convence de ello a medida que crecen. Estudió cómo la sociedad construye a las mujeres para ser «lo otro», un «segundo sexo» en un mundo dominado por hombres, que recurren al control social, político y religioso para asegurar la dependencia y la impotencia de las mujeres. Exploró esta idea en su libro de 1949 titulado *El segundo sexo*, que aún sigue siendo hoy por hoy un influyente texto feminista.

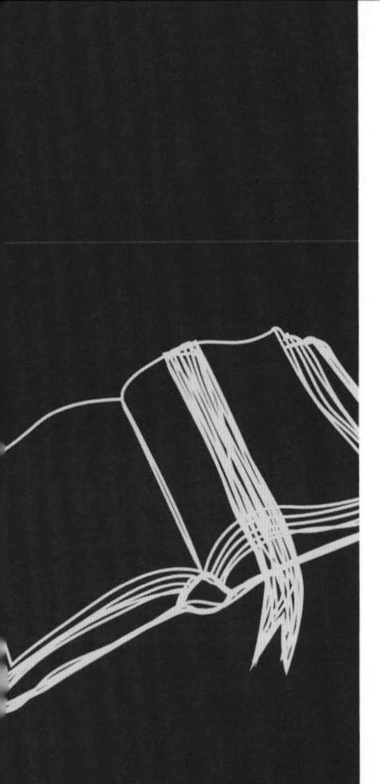

Liberación

De Beauvoir se convirtió en una de las más destacadas existencialistas de su época. El existencialismo interpretaba la vida como una lucha por liberarse de los roles impuestos por la sociedad e insistía en la elección individual, presupuesto que esta filósofa aplicó a los roles y derechos de las mujeres.

Una vida coherente

Para ella ser independiente era lo más importante para cualquier mujer. Desafió los convencionalismos manteniendo una relación abierta con Sartre.

Amigo y amante
Simone de Beauvoir y su pareja de muchos años –aunque no permanente– Jean-Paul Sartre, en 1967. Ambos mantenían abiertamente relaciones con otras personas, lo que desafiaba frontalmente la tradición.

Escritora
Simone de Beauvoir, fotografiada en su estudio en 1945. Ese mismo año ayudó a fundar el periódico político *Les Temps Modernes*, donde se publicó por primera vez parte de *El segundo sexo*.

¿Es el GÉNERO algo fijo?

Las feministas han defendido durante mucho tiempo que los estereotipos de género son nocivos y restrictivos. Actualmente, algunas incluso se cuestionan la idea de que el género conste solo de dos categorías fijas. Hoy en día, muchas feministas trabajan para que las formas en que reconocemos el género sean más inclusivas para todo el mundo.

De nacimiento

Una de las primeras preguntas que siempre se hace sobre un bebé es si es niño o niña. Pero ¿acaso el género es algo tan simple? Durante mucho tiempo se ha considerado que el género está dividido en dos categorías diferentes: «masculina» y «femenina». Sin embargo, a lo largo de la historia han existido personas cuya identidad de género no coincide con el sexo que les fue asignado al nacer. Hoy en día se las conoce como «transgénero» o «trans». Aquellas personas cuyo sexo e identidad de género sí coinciden se llaman «cisgénero».

El cuestionamiento de las ideas de género

Algunas personas trans recurren a diferentes procedimientos para afirmar su identidad de género, lo que les ofrece la oportunidad de «transitar» hacia el género con el que se identifican. Sin embargo, para que esto ocurra, en muchos países es necesario el diagnóstico de «disforia de género», una enfermedad mental en la cual la persona siente su género como opuesto a su sexo. Aunque muchas personas trans puedan reconocer la utilidad de dichos procedimientos, estudios recientes han señalado que no existe una manera correcta de ser trans. Así, habría personas que se identifican como no binarias o de género fluido, y usan los pronombres «nosotres/elles». Las personas activistas trans han criticado el «modelo medicalizado» de acercarse al género, así como la obsesión cultural que existe con los cuerpos de las personas trans.

La académica estadounidense Sandy Stone ha estudiado la presión a la que se somete a las personas transgénero a través de los estereotipos de género binarios. Stone sostiene que esta necesidad de integración en los géneros teóricamante preexistentes solo existe porque la sociedad es transfóbica. Para ella, la identidad transgénero puede constituir una identidad

Ver también: 52-53, 58-59, 72-73

CAITLYN JENNER

Caitlyn Jenner, probablemente la mujer transgénero más famosa de EE. UU., transitó de hombre a mujer en 2015 y ha realizado una gran labor de sensibilización en torno a la problemática a la que se enfrentan las personas transgénero, en busca de una sociedad más inclusiva. El documental *I am Cait* es un retrato de la vida de Jenner tras su transición.

de género en sí misma. Junto con otras teóricas estadounidenses como Susan Stryker y Julia Serano, Stone también ha abordado la transfobia dentro del movimiento de las mujeres. Algunas feministas consideran a las mujeres transgénero como «hombres de nacimiento» que, como tales, se habrían beneficiado del privilegio de ser hombres y no comparten la misma opresión que las mujeres cisgénero. Stone alega que necesitamos una mayor capacidad de inclusión y concentrarnos en asuntos importantes, como la necesidad de una reforma legal y estructural en la manera de clasificar el género y una mayor sensibilización sobre las intersecciones entre la misoginia, la transfobia y otras formas de opresión.

«No existe ninguna razón para asumir que los géneros deban [...] seguir siendo dos».

Judith Butler, *El género en disputa* (1990)

La transformación de la cultura

Las personas trans o aquellas con otras identidades de género todavía se enfrentan a muchos problemas. Diversas organizaciones han reivindicado medidas de autoidentificación que permitan realizar este cambio sin un diagnóstico, pero a menudo se han encontrado con dificultades. Las personas transgénero (las mujeres de color especialmente) también se enfrentan a altos niveles de abuso y violencia, aunque se está trabajando desde diferentes instancias para mejorar esta situación. La ONG británica Mermaids proporciona apoyo a familias con menores trans, y en los últimos años las personas trans se han visibilizado mucho más en los medios de comunicación.

EL GÉNERO PUEDE VERSE COMO ALGO MÁS QUE DOS CATEGORÍAS FIJAS

IDENTIDADES entrecruzadas

«Interseccionalidad» es un término cada vez más presente en los medios de comunicación. Fue acuñado en 1989 por la profesora de Derecho Kimberlé Williams Crenshaw, que recurrió a la metáfora de la intersección o el cruce para explorar cómo la raza y el género pueden afectar a la vida de las mujeres de distintas formas. En la actualidad se incluyen en este concepto la discapacidad, la orientación sexual, la clase y la edad.

Una teoría nacida en Estados Unidos

Aunque a las mujeres en su conjunto se las puede considerar un grupo oprimido, el tema no es tan sencillo. Crenshaw, jurista estadounidense, argumenta que la experiencia de las mujeres negras no es la misma que la de las mujeres blancas, como tampoco es igual que la de los hombres negros. Las mujeres negras se ven afectadas simultáneamente por el racismo y por el sexismo. Desarrolló esta teoría tras toparse con un caso legal en el que una mujer afroamericana acusó a una empresa de no contratarla por ser mujer y de raza negra. Sin embargo, la empresa se defendió arguyendo que no era racista, pues tenía empleados negros, y que no era sexista, pues también contaba con mujeres entre su personal. Así pues, la denuncia resultó finalmente desestimada.

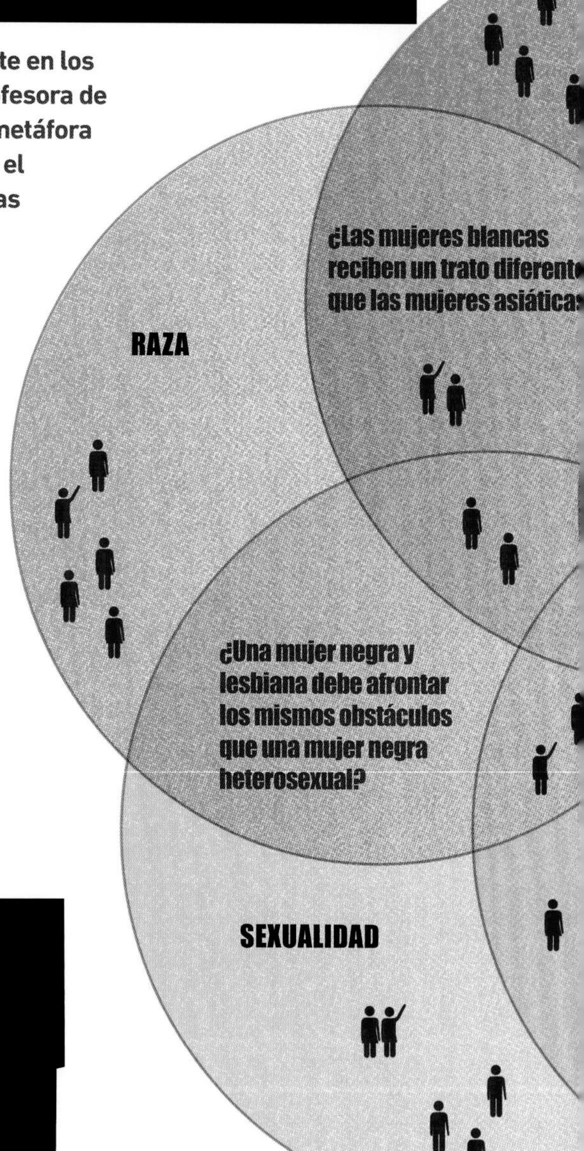

> **«No existen luchas uniformes, porque no vivimos vidas uniformes».**
>
> Audre Lorde, poeta y activista (1982)

FEMINISMO PARA TODAS

La actriz y activista transgénero Laverne Cox ha denunciado los problemas que afectan a las mujeres transgénero en relación con el feminismo, la interseccionalidad y el movimiento #MeToo. Al compartir sus experiencias como mujer negra transgénero, ha difundido mensajes positivos sobre cómo seguir adelante.

GÉNERO

¿Cómo está el mercado laboral para una mujer transgénero con discapacidad?

DISCAPACIDAD

¿Una mujer mayor y con discapacidad debe lidiar con los mismos prejuicios que una mujer más joven?

EDAD

Lo cierto es que los trabajadores negros eran todos hombres y las trabajadoras eran todas blancas. Crenshaw comprendió que, al no existir ningún término para designar la doble serie de prejuicios que habían afectado a esta mujer, resultaba complicado identificar el problema y discutir sobre él.

Interseccionalidad en acción

Desde que este término se usó por primera vez, el concepto se ha ido ampliando de la mano de investigadoras como Patricia Hill Collins, Sirma Bilge y Rosemarie Garland-Thomson, para incluir conceptos como etnicidad, clase social, pobreza, sexualidad, todo el espectro de género, edad, (dis)capacidades y religión. Tendemos a pensar en estas características identitarias como bloques binarios u opuestos: hombre/mujer, blanco/negro, joven/viejo, hetero/homosexual, rico/pobre. En cada conjunto, uno de los elementos se considera la norma dominante, por lo que goza de un estatus social privilegiado, mientras que el otro queda sujeto a prejuicios negativos. Pero el feminismo interseccional analiza cómo las posibles interacciones de las múltiples identidades pueden producir experiencias individuales de discriminación. Una mujer mayor, blanca, de clase media y lesbiana va a sufrir prejuicios diferentes que una joven negra, heterosexual y de clase obrera. La interseccionalidad pretende así que ningún grupo marginado sea ignorado.

Ver también: 42-43, 56-57, 62-63, 70-71, 88-89, 104-105

bell hooks

Nacida en 1952

Crecer en una comunidad racialmente marginada en el sur de Estados Unidos despertó el interés de bell hooks por la combinación de factores como la raza, el género y la clase social que sustentan la opresión de las mujeres negras. En su carrera como académica y escritora, ha redactado más de treinta libros sobre racismo, sexismo y feminismo, entre ellos *El feminismo es para todo el mundo,* que presenta la idea del feminismo a un público más amplio, incluidos los hombres.

«El feminismo es un movimiento que pretende terminar con el sexismo, la explotación sexual y la opresión».

Un feminismo inconformista

En 1981, hooks publicó *Ain't I a Woman?: Black women and feminism.* Acusó al movimiento feminista de su época de ignorar a las mujeres negras, además de criticar la campaña a favor de los derechos civiles por relegar a la mujer a papeles secundarios.

Legado

En 2014, hooks fundó el instituto bell hooks para estudios feministas en el Berea College de Kentucky, donde es profesora. Este centro pretende difundir su obra y promover el diálogo en torno a cuestiones feministas.

Mujer y negra

Aunque su verdadero nombre era Gloria Jean Watkins, bell hooks decidió cambiárselo en honor a su bisabuela materna. Decidió también escribir su nombre en minúsculas para que la atención se centrase en su trabajo, no en ella misma. En su infancia y adolescencia en el estado de Kentucky, los derechos civiles para la población negra aún no eran una realidad. Por ello, pronto llegó a la conclusión de que las mujeres negras estaban oprimidas tanto por el racismo como por el machismo, y que esto debía cambiar.

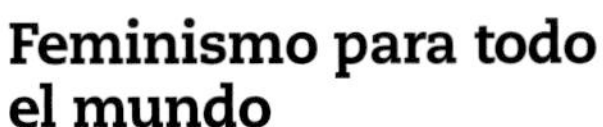

Feminismo para todo el mundo

A pesar de su trayectoria académica, hooks siempre intentó ser muy divulgativa. Se planteó explicar temas complejos de manera que cualquiera pudiera entenderlos y, de este modo, implicarse en ellos. En *El feminismo es para todo el mundo,* cuyo objetivo es contrarrestar la reacción antifeminista, explica que su feminismo no es «antihombres», sino antisexismo. Argumenta que el feminismo también es positivo para los hombres, pues los libera de la presión de ajustarse a los estereotipos.

Una referencia

Carismática oradora, bell hooks ha influido en muchas otras mujeres gracias a su trabajo. Hoy en día sigue dando charlas sobre temas de género, como la representación de la mujer negra en los medios de comunicación.

MUJERISMO

El movimiento feminista ha sido y es un proyecto colectivo de lucha contra la dominación u opresión masculina, pero también ha experimentado numerosas dificultades. En muchas ocasiones se ha dicho que el movimiento ha ignorado la opresión sufrida por toda una serie de mujeres, en concreto por las mujeres negras. Como respuesta a ello, surgió el mujerismo.

Pintar de blanco

No existe una única causa de la opresión de las mujeres y esta les afecta de forma diferente en función de su identidad. Sin embargo, el feminismo en sus diversas formas no siempre ha logrado responder adecuadamente a las cuestiones específicas de raza y clase social. El movimiento feminista ha girado a menudo en torno a mujeres blancas, de clase media y heterosexuales. Acuñado por la novelista estadounidense Alice Walker en 1983, el neologismo «mujerismo» describe un tipo de feminismo que interpreta las experiencias de las mujeres negras a través de sus propios ojos y sobre la base de sus propios valores. Walker plantea que las mujeres blancas no pueden captar realmente las peculiaridades de la vida de las mujeres negras; carecen de las claves culturales para lograrlo.

«Mujerista es a feminista lo que el púrpura al violeta».

Alice Walker, *In Search of Our Mother's Gardens* (1983)

¿Feminismo inclusivo?

Unos años antes de que Walker pusiera nombre a la idea, Audre Lorde, una poeta negra, lesbiana y feminista, impartió una conferencia titulada «The Master's Tools will never Dismantle the Master's House», reclamando a las feministas que se tomaran en serio temas como el racismo, el clasismo y la homofobia. Planteó que la diferencia es tanto una dificultad como algo positivo pero que, desde un punto de vista afroamericano, el feminismo no es tan inclusivo como debería serlo, pues «más allá de la sororidad, sigue habiendo racismo». Además, la pobreza ha mantenido a muchas mujeres negras marginadas por el propio movimiento, según ella, y la homofobia afecta tanto a las mujeres negras como a las blancas.

EL MUJERISMO SE RECREA EN LA SORORIDAD NEGRA

Me acompañan todas mis hermanas

La escritora e investigadora estadounidense bell hooks plantea que afirmar «soy feminista» supone decir que miras el mundo desde un punto de vista muy individual. Si dices, en cambio, «apoyo el feminismo», esto fomenta el reconocimiento de todo un abanico de opresiones, que es lo que hace el mujerismo. El pensamiento mujerista gira en torno a las relaciones de las mujeres negras entre sí y con el mundo; es una celebración de la sororidad negra, de su herencia, su amistad y su apoyo mutuo. También tiene en cuenta el impacto de la situación de la clase obrera y de la sexualidad. Y aunque lucha contra el sexismo en la comunidad afroamericana, el mujerismo no lucha contra los hombres negros. Todo esto queda retratado de forma muy conmovedora en las novelas de Toni Morrison, de momento la única mujer negra que ha ganado el Premio Nobel de Literatura.

El mujerismo también se pregunta por qué, para lograr una representación política o cultural, las mujeres negras tienen a menudo que elegir entre un hombre negro o una mujer blanca. Surgido en EE. UU, en la actualidad está presente en varios países africanos y en comunidades negras de toda Europa.

Ver también: 18-21, 60-61

Leer entre líneas

Lorde y Walker hablaban desde un enfoque interseccional. Kimberlé Crenshaw, que fue la primera en usar el término «interseccionalidad» (véase pág. 58), afirmaba que los informes feministas sobre la violencia doméstica sufrida por las mujeres negras eran insuficientes, pues no lograban captar las intersecciones de género y raza.

El pensamiento interseccional también conlleva mirar más allá del obvio, y a menudo violento, racismo de los grupos de extrema derecha, para identificar las formas, mucho más sutiles pero igualmente dañinas, en que instituciones y estructuras sociales clave –como las leyes, la educación y los medios de comunicación– perpetúan el racismo, así como el patriarcado. Por eso, es imprescindible analizar el hecho de ser blanco como otra categoría política y racial privilegiada y socialmente construida, de la misma manera que analizamos la masculinidad. Las investigadoras Patricia Hill Collins y Angela Davis han desarrollado aún más estas ideas, estudiando cómo la raza, la clase social y la sexualidad afectan a nuestra experiencia de género.

PRIVILEGIOS

En su blog de 2014, la escritora británica Reni Eddo-Lodge denuncia, bajo el título «Why I no longer talk to white people about race» ('Por qué ya no hablo de racismo con gente de raza blanca'), que el racismo estructural pervive y que parte del problema surge cuando los blancos bienintencionados o políticamente correctos ignoran la raza en vez de reconocer sus privilegios como blancos.

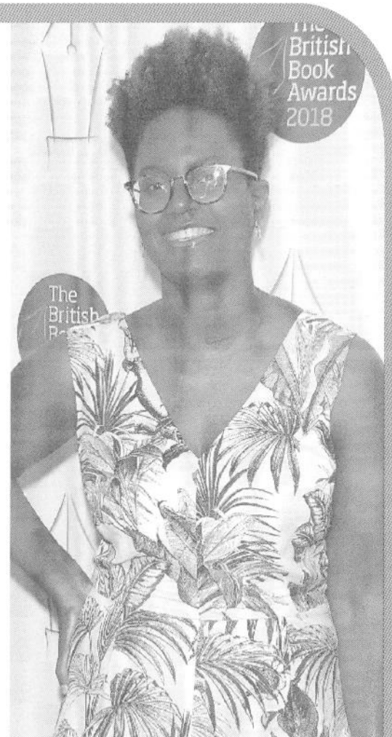

RELACIONES y FAMILIA

Las feministas han sometido a examen las relaciones íntimas, con el argumento de que es la sociedad la que configura los aspectos personales de nuestra vida. Las feministas de la segunda ola intentaron liberar a la mujer de los modelos de relación tradicionales y restrictivos, y a día de hoy la lucha continúa para ofrecer a las mujeres más posibilidades matrimoniales, sexuales y reproductivas.

AMISTAD entre mujeres

Chicas a las que le gustan los CHICOS

CHICAS a las que le gustan las chicas

¿Vivieron FELICES?

¿TENERLO todo?

La educación de NIÑAS y NIÑOS

Nuevas FAMILIAS

Un DIVORCIO injusto

El CONTROL de tu propio CUERPO

No es NO

Violencia DOMÉSTICA

La NOCHE es NUESTRA

AMISTAD entre mujeres

Las feministas de finales de la década de 1960 reivindicaron que «lo personal es político». Con esto querían decir que las desigualdades que sufren las mujeres afectan a todos los aspectos de su vida. Desde entonces, las feministas comenzaron a valorar la importancia de la amistad en su día a día. Hay estudios que demuestran que la amistad entre niñas y entre mujeres es vital como sostén social.

Divide y vencerás

En su libro *Política sexual*, la feminista estadounidense Kate Millet defiende que las mujeres han sufrido un aislamiento sistemático unas de otras, ya que se les ha denegado el acceso a la educación y se las ha encerrado en sus hogares tras el matrimonio. Otras feministas defienden que a las niñas y las mujeres se les ha enseñado a verse unas a otras como competidoras. En palabras de la feminista nigeriana Chimamanda Ngozi Adichie, «educamos a las chicas en la competencia… para atraer la atención de los hombres», circunstancia que fomenta la dominación masculina, pues si las mujeres rivalizan entre ellas su dependencia de los hombres probablemente sea mayor. Otra de las enseñanzas que reciben las niñas es que sus amistades son pasajeras y menos significativas que las relaciones íntimas que más adelante establecerán con otros chicos y hombres. La feminista británica Angela McRobbie ha demostrado cómo las revistas para chicas adolescentes establecen las relaciones románticas heterosexuales como el objetivo final de su vida, a costa de sus relaciones de amistad.

Según un estudio de la Universidad de Harvard, cuantas más amigas tienen las mujeres, mejor es su salud.

AMISTAD ENTRE CHICAS

En 2003, Kimberly Scott publicó *In Girl Out Girl and Always Black*, donde analizaba las relaciones de amistad entre las chicas negras. Hasta entonces los estudios solo se habían ocupado de la amistad entre chicas blancas. Scott analizó las intersecciones de género y raza en los vínculos de amistad que se dan en el colegio y los barrios, así como el modo que tienen las jóvenes de ayudarse.

Sororidad

Las relaciones de amistad entre mujeres siempre han sido importantes, pero a finales de los sesenta y en los setenta, con el auge del activismo feminista, la idea de «sororidad» vino a reivindicar la amistad como una fuente poderosa y crucial de seguridad para las mujeres. A finales de los sesenta, las mujeres formaron grupos de «toma de conciencia», una forma de activismo a través del cual las mujeres podían compartir sus experiencias y ser más conscientes de su opresión. En una de sus investigaciones de 1972, el psicólogo estadounidense Cary Cherniss concluyó que las

BUENAS AMIGAS

Mia, Anita y Kim son muy buenas amigas. Lo hacen todo juntas.

Un día Anita conoce a Jack. Mia y Kim están tristes porque ya no ven mucho a Anita.

Entonces, Anita rompe con Jack. Anita está triste y se lo cuenta a sus amigas.

Por suerte, las amigas de Anita están ahí para ayudarla y su amistad se hace más fuerte.

amistades entre mujeres eran valiosas por sí mismas, incluso por encima de sus relaciones con hombres. Cherniss descubrió asimismo que las conversaciones entre mujeres son un aspecto clave en sus relaciones de amistad y que proporcionan bienestar.

Ver también: 30-31, 130-131

¿Es diferente para ellas?

La feminista inglesa Sue Lees llevó a cabo un estudio sobre el comportamiento de las niñas en la década de 1990. En su libro *Sugar and Spice* (1993) describe cómo se promueve que las niñas se controlen unas a otras y hagan comentarios sobre su aspecto y su comportamiento. La feminista estadounidense Roxane Gay sugiere que dicho comportamiento aísla a las niñas y a las mujeres y sirve de sostén a la dominación masculina. Gay invita a las mujeres a «abandonar el mito cultural de que todas las amistades entre mujeres deben ser malintencionadas, tóxicas o competitivas. Este mito es como los tacones y los bolsos: son bonitos pero han sido diseñados para ralentizar a las mujeres».

Hoy en día, muchas amistades se forman y mantienen a través de internet. Es evidente que internet tiene sus peligros y parece obvio que las niñas son particularmente vulnerables al ciberacoso. El Cyberbullying Research Center (Centro de Investigación de Acoso Cibernético) ha concluido que una de cada cinco niñas en EE. UU. sufrirá este tipo de abuso a lo largo de su vida. Sin embargo, internet también ha proporcionado a las chicas un espacio en el que crear amistades, compartir intereses y construir comunidad y redes de apoyo.

«La amistad nos proporciona la solidaridad para superar las molestias, el miedo, la confusión e incluso el peligro de ser mujeres».

Kate Leaver, *The Friendship Cure* (2018)

Chicas a las que les gustan los **CHICOS**

Hoy en día, la mayoría de las mujeres se sienten más empoderadas que nunca, pero en ciertas situaciones las expectativas de los roles de género aún influyen en el equilibrio de poder entre hombres y mujeres. ¿Cómo afrontan las mujeres heterosexuales sus relaciones con los hombres?

El cuestionamiento de las convenciones

A veces se ha retratado erróneamente el feminismo como «odio hacia los hombres», pero las feministas no odian a los hombres y muchas buscan establecer relaciones heterosexuales románticas. Lo que sí han intentado las feministas es que las relaciones entre hombres y mujeres sean más igualitarias. A lo largo de la historia, muchas han criticado la institución del matrimonio (ver págs. 74-75). Las feministas británicas Stevi Jackson y Sue Scott han sugerido que las mujeres

FORMAR A LOS CHICOS

El escritor y educador estadounidense Jackson Katz ha cuestionado las ideas en torno a la masculinidad. Siempre ha defendido la necesidad de que hombres y niños desarrollen relaciones sanas y ha dirigido programas destinados a prepararles para que denuncien los comportamientos sexistas.

SER FEMINISTA NO SIGNIFICA NECESARIAMENTE RENUNCIAR A RELACIONARSE CON HOMBRES

heterosexuales deberían cuestionar la importancia que se otorga a «la pareja» como forma dominante de relación, ya que esto puede provocar que se descuiden las relaciones con amigos y familia por considerarlas menos importantes. Para Jackson y Scott, las feministas deberían cuestionar la idea de que una relación heterosexual satisface todas las necesidades en la vida de una mujer.

ROMÁNTICA

★★★★★

«¡DESTERNILLANTE!»

★★★★

Chica conoce a chico

Las relaciones con el sexo opuesto se están volviendo más igualitarias, pero determinados productos, como las comedias románticas, todavía establecen como objetivo fundamental en la vida de una mujer conocer al «hombre ideal». Muchos de estos retratos de relaciones son altamente heteronormativos, ya que tratan la heterosexualidad como la orientación sexual predeterminada o «normal». Jackson defiende que las mujeres heterosexuales deberían ser conscientes de que su heterosexualidad es un privilegio que deberían utilizar para apoyar a las mujeres que se identifican con otras sexualidades. Muchos elementos de la cultura popular también presentan una imagen irreal y, en ocasiones, nociva del amor romántico heterosexual. Según un estudio realizado en 2015, ver comedias románticas puede incluso llevar a pensar que el acoso es romántico. Desafiar dichos estereotipos románticos puede permitir a hombres y mujeres encontrar nuevas maneras de relacionarse.

Ver también: 14-15, 74-75, 90-91

La redefinición de las relaciones

Muchas organizaciones están trabajando para ayudar a chicos y chicas a establecer relaciones más sanas. La socióloga británica Jessica Ringrose ha estudiado las reacciones de las adolescentes ante la pertenencia a un grupo de activismo feminista. Aun cuando comprobó que reforzaba su nivel de empoderamiento, las chicas seguían sintiéndose partícipes de la doble moral de la sexualidad hegemónica, aplicando calificativos denigrantes a ellas pero no a ellos. También han surgido campañas que trabajan con chicos para que se cuestionen las ideas en torno a la masculinidad.

«La heterosexualidad no es normal, solo es común».

Dorothy Parker, escritora estadounidense

CHICAS a las que les gustan las chicas

Las feministas han defendido durante mucho tiempo que la sexualidad femenina debe considerarse tan importante como la masculina. Pero ¿qué significa esto para las mujeres que se sienten atraídas por otras mujeres? Enfrentándose a menudo tanto al sexismo como a la homofobia, las mujeres lesbianas y bisexuales han seguido su propio camino de lucha.

Ver también: 34-35, 56-57, 58-59, 72-73, 80-81

Doble problema

En una sociedad patriarcal como la nuestra, las mujeres a las que les gustan otras mujeres pueden verse como una doble amenaza: por un lado van en contra de la «norma» heterosexual y, por otro, demuestran que la sexualidad femenina no existe solo para complacer las necesidades de los hombres. Feministas como la escritora estadounidense Adrienne Rich han señalado cómo la sociedad ha retratado a las lesbianas como desviadas, enfermas o pecadoras, con la intención de preservar la noción de «heterosexualidad obligatoria» (ver págs. 34-35). Muchos países a lo largo de la historia se han negado a reconocer la existencia del lesbianismo, y ha sido gracias a procesos judiciales históricos, como el juicio por obscenidad en 1928 a la escritora inglesa Radclyffe Hall, como el tema ha adquirido cierta notoriedad pública. En lo que se refiere al movimiento de las mujeres, las lesbianas

«¡Concédenos también el derecho a existir!»

Radclyffe Hall, *El pozo de la soledad* (1928)

han desempeñado un papel importante en el transcurso de la historia.

Identidades múltiples

Las mujeres que se identifican como lesbianas pueden expresar su identidad de muchas maneras. A lo largo del siglo XX se han ido incorporando términos como *butch* y *femme* a la subcultura lesbiana. Algunas feministas ven en estas etiquetas una réplica restrictiva de los roles de género heterosexuales, pero otras, como la escritora Joan Nestle y la académica Anne Fausto-Sterling, sostienen que todas las identidades de género son construcciones sociales; no es que algunas sean «naturales» y otras, imitaciones. No todas las mujeres a las que les gustan otras mujeres son lesbianas. Muchas se identifican como bisexuales, pansexuales o de género fluido, y rechazan lo que consideran etiquetas rígidas. En ocasiones, las lesbianas y bisexuales *femme* se han encontrado con problemas para ver su sexualidad reconocida. En la década de 1990, el colectivo bisexual acuñó términos como «invisibilidad bisexual» o «borrado bisexual», pues ni siquiera la comunidad LGTBQ consideraba que fueran verdaderamente *queer*. Pero las cosas están cambiando. Una encuesta de 2017 realizada por Ditch the Label, una iniciativa contra el acoso, reveló que el 57% de las y los adolescentes consultados en Reino Unido y EE. UU. decían no sentirse incluidos dentro de la definición tradicional de heterosexualidad.

JEWELLE GOMEZ

La escritora estadounidense Jewelle Gomez ha explorado las problemática que rodea el hecho de ser una mujer LGTBQ negra en el trabajo. Gomez (derecha) y su mujer Dian Sabin (izquierda) participaron en la campaña a favor del matrimonio entre personas del mismo sexo en California (EE. UU.).

Orgullo y prejuicio

Por tanto, la situación para las parejas del mismo sexo sigue mejorando y muchos países, en las décadas de 2000 y 2010, aprobaron leyes que permitían el matrimonio entre personas del mismo sexo. Cada vez existen más ejemplos de lesbianas en televisión o en la gran pantalla. Sin embargo, las relaciones homosexuales entre hombres son todavía mucho más visibles que las femeninas en los medios de comunicación. Aunque los prejuicios sigan existiendo, la mayor visibilidad y la lucha activista están contribuyendo al reconocimiento de las relaciones entre mujeres.

Judith Butler

Nacida en 1956

La estadounidense Judith Butler intervino en la configuración de la «tercera ola» del feminismo en la década de 1990, que reconocía que las mujeres no solo deben enfrentarse a la desigualdad por ser mujeres, sino por discriminaciones basadas en el género, la raza y la clase. Butler cambió el modo de ver lo que significa ser hombre o mujer al manifestar que no debemos limitarnos a dicha clasificación.

Teoría 'queer'

Butler cuestiona los binarismos de género y sexualidad. Dichos binarismos sugieren que las personas solo pueden ser masculinas o femeninas y heterosexuales u homosexuales. Butler defiende que el género y la sexualidad no se limitan a dichas categorías, sino que son fluidos y existen en un amplio espectro; en otras palabras, que nuestra identidad puede estar conformada por características de ambas categorías. Estas ideas sobre la naturaleza del género y la sexualidad han roto con los vínculos tradicionales entre sexo, género y deseo, y forman parte de lo que se conoce como «teoría *queer*».

Performar el género

Butler sugiere que es la sociedad la que crea las nociones sobre lo que significan la masculinidad y la feminidad. Para ella, nuestra manera de actuar, andar y hablar constituye un «acto performativo». Esto significa que el género es algo que hacemos en lugar de algo que somos. La masculinidad y la feminidad no son naturales, sino construcciones basadas en nuestro modo de actuar. Butler sostiene que «el género es una imitación que no tiene un original».

Cruzar los límites

Las personas que no se ajustan a las expectativas de género que la sociedad establece se definen como marginales o desviadas. Las representaciones que cruzan los límites de género y sexualidad, como pueden ser el travestismo y el *drag*, o las identidades lesbianas *femme* y *butch*, contribuyen a romper con el binarismo de género porque muestran que este es una construcción y una representación.

El género en disputa
Butler publicó *El género en disputa: el feminismo y la subversión de la identidad* en 1990. En este libro fundamental, la autora sugiere que el género no nos viene determinado de nacimiento, sino que es algo en lo que nos convertimos a través de nuestro comportamiento diario.

«El género es una construcción cultural, pero también es un espacio para la voluntad o la libertad».

Difundir las ideas
Judith Butler obtuvo el doctorado en Filosofía por la Universidad de Yale. Actualmente es profesora en la Universidad de California, Berkeley (EE. UU.), y da conferencias por todo el mundo.

¿Vivieron FELICES?

Aun cuando la tasa de matrimonios en EE. UU. y Europa se encuentra en declive desde la década de 1960, el matrimonio sigue siendo la norma. La mayor parte de la población todavía se casa, aunque actualmente la mayoría lo hace más tarde que en generaciones anteriores y muchas personas se casan más de una vez. Si el matrimonio es todavía la estructura familiar más común y aceptada, ¿se trata de un tema del que las feministas tengan que ocuparse?

Lo tuyo es mío

El matrimonio ha constituido una de las prioridades de la crítica feminista desde hace siglos. La feminista inglesa Mary Astell ya advirtió a las mujeres sobre sus peligros en el siglo XVIII. Según ella, el matrimonio representaba una alianza desigual que atrapaba a las mujeres, ya que carecían de derechos legales. Para una mujer era muy difícil romper con un matrimonio infeliz o abusivo y, aun en el caso de que lo consiguiera, tras la separación perdía todo derecho sobre sus hijas e hijos o sus ganancias. Esto se debe a que, hasta finales del siglo XIX, las mujeres en Inglaterra y EE. UU. se consideraban propiedad de sus maridos. A pesar de que la situación en Occidente haya cambiado, en algunas tradiciones matrimoniales todavía se deja entrever esta manera de pensar. En las ceremonias cristianas, es el padre el que lleva a la mujer hasta el altar para entregársela a su futuro marido. A partir de ese momento, en algunos países, ella toma su apellido.

La media de edad para casarse ha aumentado en todo el mundo, tanto para hombres como para mujeres.

«Todavía no he escuchado a un hombre pedir consejo sobre cómo compaginar el matrimonio y su carrera».

Gloria Steinem (1984)

Detrás de todo gran hombre...

En las últimas décadas, diversos colectivos, incluido el feminista, han desafiado la institución del matrimonio y la idea de la familia nuclear. Históricamente se ha pensado que tras el matrimonio venían los hijos, cuyo cuidado también recaía en la esposa. La feminista francesa Christine Delphy consideraba el matrimonio como la herramienta de los hombres para controlar la reproducción y el trabajo no remunerado de las mujeres y preservar así la dominación masculina. Al asumir el cuidado de los hijos, las mujeres hacían posible la incorporación de los hombres al mercado de trabajo. Como consecuencia, la mujer dependía económicamente de su marido y le resultaba más difícil romper el matrimonio.

Ampliación del derecho al matrimonio

Las feministas también sostienen que la institución del matrimonio es heteronormativa, esto es, que promueve las relaciones heterosexuales como norma. Por esta razón, las activistas LGTB no están de acuerdo con la idea del matrimonio homosexual. A pesar de que algunas de estas activistas sí quieren disfrutar del derecho a casarse, otras consideran el matrimonio como la herramienta para mantener convenciones sociales obsoletas.

UN CONTRATO

Christine Delphy sostiene que un contrato matrimonial es un contrato laboral y una fuente de opresión. En un mundo en el que las mujeres cobran menos que los hombres y tienen menos acceso a los puestos de poder, el matrimonio es un espacio de seguridad económica. A cambio, los hombres se benefician de su trabajo en el hogar.

Un romance de cuento de hadas

Entonces, ¿por qué tantas personas quieren casarse? La poeta estadounidense Adrienne Rich encuentra la explicación en las ideas persistentes sobre el amor romántico. Las historias que terminan con un final feliz están por todas partes. La socióloga estadounidense Ann Swidler, en su libro *Talk of Love*, explica que el modelo ideal de amor pervive porque el matrimonio, como institución, lo necesita. Las feministas sugieren que la sociedad promueve el matrimonio porque sostiene la dominación masculina y el capitalismo.

Matrimonios modernos

Hoy en día, muchos países de Europa y algunos estados de EE. UU. reconocen los matrimonios del mismo sexo y las uniones civiles. Con todo, para muchas feministas, entre las que se cuenta la estadounidense Claudia Card, el matrimonio sigue beneficiando más a los hombres que a las mujeres, que todavía se encargan de la mayor parte del trabajo doméstico y del cuidado de las hijas e hijos. Algunos estudios incluso han demostrado que las mujeres solteras viven más que las casadas, mientras que los hombres casados viven más que los solteros.

LA MUJER ACTUAL ESTÁ DESAFIANDO EL PUNTO DE VISTA TRADICIONAL SOBRE EL MATRIMONIO

Ver también: 32-33, 68-71, 76-77, 80-83, 106-107

¿TENERLO todo?

La cuestión del trabajo se suele complicar para muchas mujeres en cuanto deciden ser madres. Las exigencias, a menudo enfrentadas, de la familia por un lado y del trabajo por otro pueden empujarlas a hacer auténticos malabarismos con sus responsabilidades, algo mucho menos frecuente en el caso de los hombres.

Mal negocio

En 1982, la editora de *Cosmopolitan* Helen Gurley Brown escribió *Having It All: Love, Sex, Success, Money... Even if You're Starting With Nothing.* «Tenerlo todo» –simultanear la carrera profesional con la maternidad– se convirtió pronto en el eslogan de toda una generación.

Un partido amañado

Según la oficina nacional de estadísticas inglesa, hasta tres cuartas partes de las madres con hijos aún dependientes siguen trabajando, a media jornada o a jornada completa. Este creciente número de madres trabajadoras puede explicarse gracias a las nuevas políticas de conciliación, a prácticas laborales cada vez más flexibles y, más importante, al hecho de que a menudo hacen falta dos sueldos para mantener una familia. Más de la mitad de las familias de EE. UU. cuenta con dos personas trabajando a tiempo completo, mientras que en Alemania un sueldo y medio por familia es la norma.

A pesar de esta tendencia, los hombres están tardando en asumir su papel en casa, pues las labores domésticas y de crianza de los hijos siguen recayendo sobre todo en las mujeres (ver págs. 106-107). Las mujeres sufren otra desventaja: suelen ganar menos que los hombres y trabajar en empleos más precarios.

En su artículo «Making Motherhood Work» (2011), la socióloga británica Rachel Thomson constata que «el lastre de la maternidad» penaliza a las mujeres reduciendo su sueldo en una quinta parte. Esto a su vez justifica la lógica según la cual lo más conveniente en una pareja es que sea la mujer quien deje su trabajo para dedicarse a la crianza de los hijos, mejor que el hombre, siempre mejor pagado.

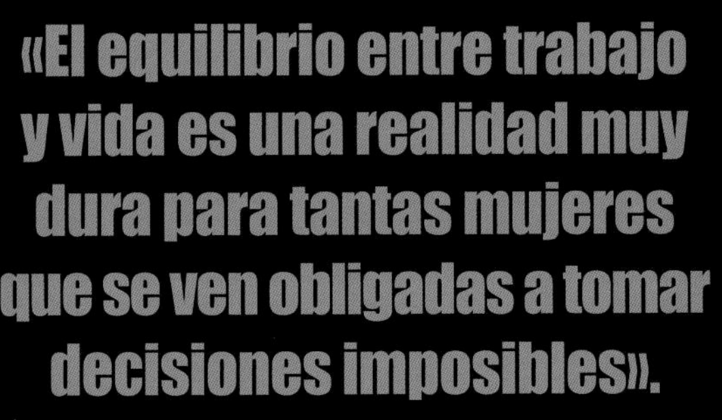

Trabajar en casa

Para muchas mujeres, especialmente en grupos sociales desfavorecidos, el trabajo es una necesidad, pero para no pocas resulta casi imposible «tenerlo todo». Una investigación realizada en EE. UU. ha concluido que más del 40% de las mujeres mejor preparadas profesionalmente acaban dejando su trabajo para criar a sus hijos.

Ver también: 102-103, 106-107

La lucha feminista por el derecho de las mujeres a trabajar fuera de casa se ha criticado por desvalorizar las tareas domésticas. Sin embargo, las feministas no niegan que estas constituyan un trabajo en toda regla, sino que centran el debate en que, al tratarse de un trabajo no remunerado, la mujer se ve obligada a depender de alguien con sueldo, lo que marca una importante desigualdad en la relación de pareja.

Una responsabilidad compartida

Las mujeres sienten a menudo culpabilidad y frustración por su situación. Las que tienen un empleo suelen pensar que deberían dedicar más tiempo a su familia, mientras que las que trabajan en casa tienden a pensar que están limitándose personalmente, o bien no están contentas de depender económicamente de su pareja. Reconocer que no es posible «tenerlo todo» tal vez sea el primer paso para evitar frustraciones, pero no se logrará un equilibrio trabajo/familia hasta que no se flexibilicen los ritmos laborales tanto masculinos como femeninos, se equiparen los sueldos y se repartan las responsabilidades.

ATRAPADAS

La escritora Betty Friedan, en su libro de 1963 *La mística de la feminidad*, afirmaba que las mujeres se hallaban atrapadas en el papel de amas de casa, pero no querían admitirlo por miedo a parecer poco femeninas. Este libro fue clave en el movimiento feminista de la década de 1960.

La educación de NIÑAS y NIÑOS

En una sociedad plagada de estereotipos de género como la nuestra, se nos enseña que los niños y las niñas son inherentemente distintos, con distintas necesidades, comportamientos e intereses. Cuando decimos cosas como «los chicos son así», «los chicos no lloran» o «la princesita de papá», estamos reforzando las diferencias de género. Sin embargo, ¿son las niñas y los niños tan distintos?

Jugar con los estereotipos

Las ideas sobre las diferencias de género aparecen a una edad muy temprana. Las canciones de cuna, las fábulas y los cuentos de hadas nos enseñan que las chicas son princesas pasivas que esperan a que vengan a rescatarlas. Los chicos, en cambio, son héroes valientes que rescatan a damiselas en apuros. Si te das una vuelta por los pasillos de la mayoría de las tiendas de juguetes y ropa, la historia es muy similar. Los juguetes para niños suelen ser científicos o promover el juego ruidoso al aire libre. Los juguetes para niñas, por el contrario, son muñecas o están relacionados con el trabajo doméstico. Mientras las niñas suelen sentirse cómodas jugando con los juguetes pensados para los niños, estos son muy reacios a hacer lo mismo con los juegos que se consideran «de chicas». Así, los niños y niñas aprenden desde muy temprano que la sociedad valora más los atributos «masculinos» que los «femeninos».

Antes de asociarse el rosa a las niñas y el azul a los niños, todos los bebés vestían de blanco.

Ver también: 48-53, 56-57, 102-103

Iguales, aunque se vistan de seda

La ropa también refleja estas supuestas diferencias de género. Las faldas rosas y estampadas para las niñas y los pantalones azules y prácticos para los niños. La ropa para las niñas se diseña pensando en la moda, mientras que la ropa para niños tiene como objetivo la funcionalidad. Se nos dice tantas veces que los niños y las niñas son diferentes que asumimos dichas diferencias como

LOS ESTEREOTIPOS SOBRE LO QUE SIGNIFICA SER

> **«Los niños y las niñas crecen en culturas diferentes».**
>
> **Lise Eliot, *Pink Brain, Blue Brain* (2009)**

APRENDIZAJE TEMPRANO

La neurocientífica Lise Eliot ha descubierto que las personas, inconscientemente, tratan de forma diferente a los bebés dependiendo de su sexo. En su investigación, a las niñas se las consideraba más sociables que a los niños (aunque en realidad eran niños vestidos de niñas). Aunque sus cerebros son muy similares al nacer, el aprendizaje y el juego los guían hacia los roles de género.

naturales. Sin embargo, las feministas consideran que, lejos de ser innatos, los estereotipos de género son una creación social.

«Chicos valientes» y «chicas delicadas»

La socióloga británica Ann Oakley, en su libro *Sexo, género y sociedad* (1972), sugiere que se nos enseña muy pronto cómo ser hombres y mujeres «normales», en un proceso llamado «socialización». Desde una edad muy temprana, los niños y niñas aprenden lo que la sociedad espera de ellos a través de una amplia serie de ejemplos. En familias en las que uno de los padres es que el que proporciona los cuidados y el otro el que provee los ingresos, los hijos y las hijas tienden a imitar dichos roles con sus comportamientos. Sin embargo, existen maneras mucho más sutiles para aprender qué comportamientos son aceptables para los niños y para las niñas. Los cuidadores prestan más atención a los niños si estos son asertivos y exigentes y atienden a las niñas que interactúan de manera más delicada. Así, las niñas reciben recompensa por ser comunicadoras pasivas y castigo si son asertivas o agresivas; ocurre lo contrario en el caso de los niños.

HOMBRE O MUJER COMIENZAN EN LA INFANCIA

Estereotipos nocivos

Los estereotipos de género son poderosos y pueden ser nocivos cuando limitan las opciones de las y los menores. En los últimos años ha habido una creciente sensibilización con esta problemática. En el Reino Unido, campañas como Pink Stinks o Let Toys Be Toys han presionado a los fabricantes y las distribuidoras para que dejen de asignar determinados juguetes a los niños y otros a las niñas. En 2017, uno de los principales minoristas del país, John Lewis, anunció que no volvería a marcar las prendas de ropa con etiquetas «para niñas» o «para niños» El objetivo es permitir que sean ellos y ellas quienes decidan lo que les gusta, sin la presión de las expectativas culturales.

Nuevas FAMILIAS

En paralelo a las mejoras que experimentaron los derechos de las mujeres en el siglo XX, las estructuras familiares también comenzaron a cambiar. Nuevas tendencias sociales, como la opción de casarse tarde (o, incluso, no casarse), el incremento en el número de divorcios, el creciente número de parejas del mismo sexo, todo esto demuestra que la concepción cultural de la familia está cambiando.

Ver también: 68-69, 70-71, 74-75, 76-77, 84-85

¿Una familia perfecta?

Hace cincuenta años, la estructura familiar más habitual en Occidente era la familia nuclear: marido, esposa, hijas e hijos. El sociólogo estadounidense Talcott Parsons veía en este modelo familiar uno de los pilares de nuestra sociedad para aprender los valores sociales adecuados. Sin embargo, las feministas denunciaron que esta estructura familiar era opresiva para las mujeres, pues se basaba en roles de género que las confinaban al hogar y las excluían del mundo laboral, consolidando así las desigualdades de género. La feminista francesa Christine Delphy planteó que en las unidades familiares las esposas estaban siendo explotadas, pues se veían obligadas a realizar las tareas domésticas no remuneradas, por lo que dependían económicamente de sus maridos. Parsons también pasó por alto que su idealizado modelo familiar solo era real en el caso de una minoría compuesta (predominantemente) por parejas blancas, heterosexuales y de clase media. Siempre han existido otras formas de familia, pero no se consideraban tan recomendables o estables como la familia nuclear, prejuicio que ya ha quedado

En 2015, un 2,6% de los matrimonios celebrados en el Reino Unido fueron del mismo sexo.

EN OCCIDENTE YA HAY FAMILIAS DE TODOS LOS TIPOS Y TAMAÑOS

en entredicho al ir emergiendo nuevas propuestas familiares.

La crisis llega también a la familia

A finales del siglo xx, la expansión del capitalismo vino acompañada de un incremento del paro y la pobreza. Esto, junto con las nuevas actitudes y leyes sobre el divorcio, provocó cambios radicales en el modelo familiar, según la socióloga estadounidense Judith Stacey. La visión del hombre como sostén familiar y de la mujer como la que cocina fue perdiendo fuerza. Importantes cambios en los derechos de las mujeres concedieron a estas la libertad para retrasar el matrimonio y proseguir su carrera, un cambio también posibilitado por el control de la natalidad.

La familia posmoderna

Puede que el divorcio haya aumentado en toda Europa y Estados Unidos desde los años setenta pero sigue existiendo compromiso con los vínculos sociales del amor. La mayoría de las personas sigue queriendo tener vida familiar, aunque sea mediante nuevas formas de matrimonio y convivencia. Abundan también las familias reconstituidas, donde los hijos viven con un padrastro y una madrastra. Otra estructura familiar cada vez más común son las familias monoparentales. Las madres solteras siempre tuvieron mala prensa en el pasado, pero actualmente la sociedad ha aceptado la decisión de una mujer sin pareja de tener un hijo o una hija. Los cambios legales también han facilitado una mayor visibilidad social de las parejas homosexuales en algunas sociedades occidentales, y los estudios demuestran que los hijos criados por padres o madres del mismo sexo logran un buen desarrollo social y académico. Tal vez las estructuras familiares estén cambiando, pero las personas siguen buscando una vida familiar en alguna de sus formas.

«Las modalidades familiares occidentales son diversas, fluidas y abiertas».

Judith Stacey, *In the Name of the Family* (1996)

Pareja lesbiana

Padres gays

Familia de padres mayores

Familia monoparental

ADOPCIÓN LESBIANA

Aunque en el Reino Unido desde la década de 1920 las mujeres solteras (y los hombres) podían acceder a la adopción, con independencia de su inclinación sexual, hasta 2005 las parejas lesbianas y gays no gozaron de los mismos derechos que las heterosexuales. Desde entonces, las adopciones por parejas del mismo sexo han aumentado hasta constituir el 10% de las adopciones.

Un DIVORCIO injusto

Aunque podamos pensar que en la actualidad el divorcio es un derecho adquirido, antes era algo bastante excepcional y, de alguna manera, un tabú. En buena parte del mundo es ahora más fácil divorciarse, pero muchas mujeres se encuentran en peor situación tras el divorcio.

Ver también: 14-15, 74-75, 76-77

Hasta que la muerte nos separe

El matrimonio se presenta a menudo como la más importante de las relaciones y el objetivo final de todas las chicas. Las feministas de la primera ola cuestionaron la idea del matrimonio por estar controlado por el estado patriarcal (ver págs. 74-75).

Para muchas parejas casadas, el divorcio solía ser algo a lo que solo los hombres podían recurrir, y en algunos países todavía es así. La catedrática de derecho Katharine Bartlett destaca cómo la «tiranía absoluta» de los hombres sobre las mujeres en el matrimonio fue una de las razones por las que estas lucharon por el sufragio. Hasta el siglo XIX, en muchos países las propiedades de la mujer pasaban a manos del marido cuando se casaban, de tal manera que tras el divorcio ella se quedaba sin nada más que el rechazo social. Algunas de las primeras feministas, como la sufragista estadounidense Elizabeth Cady Stanton, pelearon por una mayor accesibilidad al divorcio, pero otras no se sumaron por miedo a las innumerables pérdidas que este suponía.

Incluso después de que las mujeres obtuvieran el

LA DESIGUALDAD ECONÓMICA PUEDE SER UN OBSTÁCULO PARA LAS MUJERES QUE QUIEREN DIVORCIARSE

derecho a tener propiedades, conseguir el divorcio seguía siendo una tarea difícil, pues debían demostrar los problemas de su matrimonio y no tenían derecho alguno sobre lo acumulado por el marido, aunque el trabajo de la mujer en la casa fuese lo que les permitía a ellos desarrollar su carrera.

¿Me voy o me quedo?

En la década de 1970, la Organización Nacional de Mujeres (NOW), dirigida por la escritora estadounidense Betty Friedan, organizó una campaña en EE. UU. para la protección económica de mujeres y menores; entre sus reivindicaciones estaban la división justa de propiedades y la introducción de reformas que garantizasen el divorcio no contencioso. A pesar de que desde entonces diversas sentencias de divorcio han reconocido el valor del trabajo doméstico, muchas mujeres acaban en peor situación económica que sus maridos tras el divorcio. Aunque más mujeres se hayan incorporado al mercado laboral, muchas todavía deben liberar tiempo para criar a sus hijos, por lo que cuando se reincorporan al trabajo lo hacen con una desventaja económica que se suma a la desigualdad salarial estructural por el hecho de ser mujeres. Por otro lado, a menudo la custodia de los menores se otorga a la mujer divorciada, lo que aumenta la dependencia del apoyo económico de su exmarido.

Aunque se han conseguido progresos significativos en todo el mundo, en algunos países aún queda un largo camino por recorrer. En Egipto, los hombres pueden divorciarse de sus esposas sin necesidad de pasar por los juzgados, pero las mujeres no pueden hacer lo mismo. La mujer que quiera dejar a su marido debe renunciar a sus derechos económicos y devolver la dote. En otros países, como Malta y Filipinas, el divorcio sigue siendo ilegal para la mayoría de las personas.

TRIPLE 'TALAQ'

Hasta 2017, un hombre en la India podía poner fin a su matrimonio si decía tres veces *talaq* (que significa 'divorcio') a su esposa. El Tribunal Supremo indio declaró inconstitucional el «triple *talaq*», tras la presión del Movimiento de Mujeres Musulmanas Indias, cofundado por Zakia Soman (en la imagen).

«Para que las mujeres tengan una identidad humana y una libertad completas, deben tener independencia económica».

Betty Friedan, «Up from the kitchen floor» (1973)

El CONTROL de tu propio CUERPO

La lucha por los derechos reproductivos –otorgar a las mujeres el control sobre la posibilidad de tener hijos y cuándo tenerlos– ha sido esencial en el activismo feminista durante muchos años. Las feministas siempre han defendido que las mujeres de todo el mundo necesitan tener acceso a los recursos de planificación familiar para tener un verdadero control sobre su cuerpo y su vida.

La prevención del embarazo

Las feministas sostienen que las mujeres deberían ser libres para prevenir embarazos no deseados. Después de todo, es su cuerpo el que debe sobrellevar el embarazo y el parto, y son ellas las que con mayor probabilidad asumirán la responsabilidad de criar a su hijo.
Los anticonceptivos fiables y seguros fueron accesibles a principios del siglo XX, cuando pioneras feministas como Marie Stopes en el Reino Unido y Margaret Sanger en EE. UU. fundaron las primeras clínicas que los pusieron a disposición de las mujeres. La píldora anticonceptiva, a menudo considerada el avance medico fundamental para las mujeres, apareció en los sesenta.

¿Libertad reproductiva?

Ver también: 30-31, 106-107

El control de la natalidad ha encontrado oposición a menudo en grupos religiosos, y en muchos países, como Pakistán o Zimbabue, las mujeres todavía lo tienen muy difícil para tener acceso al mismo. 214 millones de mujeres de todo el mundo tienen necesidades no cubiertas de anticoncepción, la mayoría en África o el Sudeste Asiático. Aunque la posibilidad de recurrir a métodos anticonceptivos es habitualmente más sencilla en zonas de Europa, Norteamérica y Sudamérica, algunas mujeres solo tienen acceso a medidas permanentes como la esterilización. Otras mujeres todavía necesitan obtener el permiso de su médico para poder acceder a métodos reversibles.

En los lugares en los que el acceso a los métodos anticonceptivos está más generalizado, han conseguido grandes logros. En EE. UU. varios estudios han revelado que las mujeres que tienen acceso a la anticoncepción cuentan con muchas más posibilidades de acceder a estudios superiores. Un mayor acceso a métodos de planificación familiar también sería de gran ayuda para

MGF

La escritora somalí Hibo Wardere dedica buena parte de su tiempo a sensibilizar sobre la MGF (mutilación genital femenina), una práctica tradicional en zonas de África, Asia y Oriente Medio. Más de 200 millones de niñas y mujeres han sufrido dicha mutilación o la ablación de sus genitales externos, lo que a menudo puede acarrear dolores y lesiones permanentes.

las mujeres de los países en vías de desarrollo, pues significaría mayor espacio entre partos, lo que mejora la salud y los índices de supervivencia.

Acceso al aborto

Al no ser infalible la anticoncepción, muchas feministas han defendido el acceso al aborto como un derecho esencial. Sin embargo, se trata de un tema altamente controvertido en todos los rincones del planeta. En muchos países, como consecuencia de las leyes o creencias religiosas, los abortos son ilegales, incluso en casos de violación. Ni siquiera las feministas se ponen de acuerdo en este asunto, ya que algunas piensan que los derechos del nonato están por delante del derecho de las mujeres al control de su propio cuerpo. Sea como fuere, en los lugares en los que las mujeres no pueden acceder al aborto de manera legal se siguen practicando abortos ilegales y peligrosos que causan en torno a 70.000 muertes de mujeres cada año. A lo largo y ancho del mundo se han sucedido las protestas a favor del aborto. A día de hoy, las leyes relativas al aborto se encuentran en un proceso de cambio permanente. En 2018, tras décadas de lucha feminista, el voto popular masivo revocó la ley que prohibía el aborto en Irlanda.

El camino que queda

Gracias al activismo del feminismo, las mujeres han mejorado sus opciones reproductivas en muchos países. Actualmente, las feministas están presionando para que se lleven a cabo estudios para reducir los efectos secundarios de algunos métodos de control de natalidad, así como sobre los anticonceptivos masculinos.

«Ninguna mujer se puede considerar libre si no tiene el control de su cuerpo».

Margaret Sanger, activista estadounidense fundadora de Planned Parenthood

LAS FEMINISTAS HAN LUCHADO POR EL DERECHO DE LA MUJER A DISTINTAS OPCIONES REPRODUCTIVAS

Frida Kahlo

1907-1954

Puede que haya muerto hace ya más de cincuenta años, pero la imagen de la artista mexicana Frida Kahlo sigue muy viva como símbolo de la liberación de las mujeres. Nunca permitió que el hecho de ser mujer o sufrir una discapacidad la limitaran. Siempre ha sido admirada por la libertad de su arte, su especial distinción y elegancia, así como por su activismo social. Su casa en Ciudad de México se ha convertido en museo y sus cuadros siguen protagonizando exposiciones en todo el mundo.

«Soy mi propia musa, soy el tema que mejor conozco. El tema que quiero conocer más».

Una marcada identidad

Aunque Frida Kahlo no formó parte activa del movimiento por los derechos de las mujeres, hoy en día es considerada un icono feminista. Muchos de sus cuadros exploran la sexualidad femenina, la menstruación y el aborto, temas considerados tabú en las décadas de 1920 y 1930. A pesar de vivir en una sociedad muy católica y conservadora, donde las mujeres debían mantenerse en un segundo plano, Frida Kahlo nunca se atuvo a los convencionalismos sociales. Se casó con el artista Diego Rivera, pero mantuvo relaciones con otros hombres y con mujeres.

Superación del sufrimiento

A la edad de seis años, Frida contrajo la polio, lo que debilitó e inutilizó una de sus piernas, pero no le impidió practicar numerosos deportes y baile. Tras unos resultados escolares brillantes, tenía previsto estudiar la carrera de Medicina, cuando un accidente de autobús la dejó prácticamente paralítica a los 18 años. Obligada a permanecer en cama durante meses, con la mayor parte de su cuerpo escayolado, comenzó entonces a pintarse a sí misma y a su lesionado cuerpo.

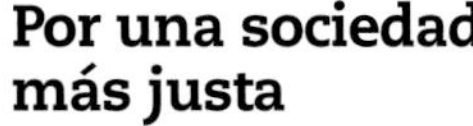

Por una sociedad más justa

Frida tuvo que sufrir innumerables operaciones y debido a sus heridas quedó incapacitada para ser madre. Sus cuadros muestran todo su dolor personal. Frida siempre denunció a la élite rica y poderosa y se integró con 15 años en el Partido Comunista para luchar contra la injusticia.

Una imagen icónica
Con sus largos vestidos de tehuana y el abundante uso de la simbología azteca en su arte, Frida Kahlo promovió la cultura indígena en un momento en que no se valoraba ni respetaba.

Dolor y belleza
En este autorretrato, pintado en 1940, las hermosas flores y los extraordinarios pendientes (regalados por Picasso) contrastan fuertemente con el lacerante collar de espinas que rodea su cuello, que simboliza el dolor que tenía que soportar constantemente.

Pinté mi retrato en el año de 1940
para el Doctor Leo Eloesser, mi médico y
mi mejor amigo. Con todo mi cariño.
Frida Kahlo

No es NO

Las feministas llevan siglos intentando denunciar los elevados niveles de violencia que sufren las mujeres, pero siempre se han visto ningunеadas. Sin embargo, el incremento en los últimos años de violaciones y agresiones sexuales de gran repercusión en los medios de comunicación ha puesto el foco en la violencia sexual y en las personas que luchan contra ella.

Una violencia cotidiana

Las violaciones o el acoso sexual constituyen un hecho cotidiano en la vida de muchas mujeres y niñas de todo el planeta. Según ONU Mujeres, 120 millones de mujeres han sufrido agresiones de carácter sexual; se estima que hasta un 35% de la población femenina mundial sufre alguna experiencia de violencia sexual a lo largo de su vida. Y aunque cada vez existen más iniciativas para apoyar a las víctimas de estas agresiones, es un tipo de delito que sigue denunciándose escasamente; en Estados Unidos, en 2016, solo se denunció el 23% de los casos de violación o agresión sexual; en la India, en 2002, solo un 8% de las víctimas buscó ayuda. Las feministas argumentan que las agresiones sexuales suceden como resultado de las desigualdades de género y a su vez también contribuyen a perpetuarlas. Susan Brownmiller, escritora estadounidense, plantea que el modelo de masculinidad socialmente aceptado, al beneficiar a los agresores y potenciar las relaciones de poder entre sexos, está promoviendo una «cultura de la violación», en la cual las mujeres temen ser violadas y los hombres se aprovechan del control generado por ese miedo.

LA HORA DE LA VERDAD

Ujamaa, una organización sin ánimo de lucro de Kenia, pretende reducir las violaciones centrándose en la prevención. Además de formar a las chicas en autodefensa, también imparten cursos para chicos llamados «Tu hora de la verdad», en los que les enseñan cómo intervenir cuando son testigos de una agresión.

El poder de los mitos

Los persistentes mitos que rodean la violación y las agresiones sexuales hacen un flaco favor a la causa. Estereotipos como que los violadores son «desconocidos agazapados en callejones oscuros» y que las mujeres tienen algo de culpa al salir solas, beber alcohol, flirtear o ir «ligeras de ropa», resultan alarmantemente comunes. Los medios de comunicación, por su parte, tienden a centrarse en el comportamiento de las víctimas, pero rara vez en el violador, que queda así invisibilizado e incluso exculpado. Y en el caso de abusos sexuales infantiles, a muchas niñas se las acusa de comportamientos de flirteo o se desconfía de sus acusaciones. A esto habría que añadir lo que la

«Debemos enviar un mensaje: quien sobrevive a la violencia sexual no debe avergonzarse; es el agresor quien debe hacerlo».

Angelina Jolie, Cumbre mundial para acabar con la violencia sexual en los conflictos (2014)

ensayista estadounidense Adrienne Rich (1980) denomina el mito del «impulso sexual incontenible y avasallador» de los hombres. Todos estos mitos y prejuicios dificultan la denuncia de casos de violación. En muchos países, las mujeres deben probar que no dieron su consentimiento, lo que resulta complicado si el tribunal considera que no son sinceras o que tienen parte de responsabilidad en lo ocurrido.

Los tiempos cambian, las mentalidades también

Las cosas están cambiando poco a poco. En julio de 2018, Suecia aprobó una ley que desplaza la carga de la prueba de la víctima al acusado: en vez de ser la víctima quien tiene que demostrar no haber dado su consentimiento, es el acusado quien debe demostrar haberlo obtenido. Numerosos países ya cuentan con recursos de asistencia para víctimas de violaciones, además de tomarse cada vez más en serio los abusos sexuales contra menores, aumentando la edad de consentimiento y luchando contra el matrimonio infantil. Históricamente, los actos sexuales no consentidos dentro de una pareja casada no eran ilegales, pero cada vez se está extendiendo más el concepto legal de violación marital, que ya se interpreta como delito en muchos países. Algunos casos de violaciones con repercusiones mediáticas han alentado un necesario debate en torno a la cuestión del consentimiento. Las feministas sostienen que necesitamos una mejor educación sexual y de relaciones para que todo el mundo sea consciente de que el consentimiento debe ser claro, que cualquiera es libre de cambiar de opinión en cualquier momento, que el alcohol y las drogas afectan a la capacidad de consentir y, sobre todo, que no es no.

Ver también: 40-41, 90-91, 92-93

Violencia DOMÉSTICA

Amnistía Internacional describió la violencia mundial contra las mujeres como «el mayor escándalo de derechos humanos de nuestro tiempo». La forma más común de dicho abuso es la violencia doméstica (la violencia sufrida dentro de una pareja o entre miembros de una misma familia), que ha constituido una de las luchas centrales del activismo feminista durante muchos años.

Un problema de género

La violencia doméstica se refiere al conjunto de abusos, físicos, emocionales, sexuales o económicos. Tanto los hombres como las mujeres pueden ser víctimas o agresores, pero la abrumadora mayoría de dichos abusos los cometen los hombres sobre las mujeres. Por esta razón, muchas de las organizaciones que combaten este problema lo tratan como una forma de violencia condicionada por el género. Las estadísticas demuestran que la problemática es enorme en todo el mundo: el 38% de los asesinatos de mujeres los cometen sus parejas y, en uno de cada tres casos, el hombre ha ejercido violencia sobre su pareja.

Despertar feminista

La violencia doméstica ha sido un problema ignorado durante mucho tiempo ya que tenía lugar dentro del matrimonio, un estatus en el cual las mujeres carecían de protección legal. Durante los siglos XIX y XX, las feministas de la primera ola señalaron cómo, en la medida en que las mujeres eran «propiedad» de los hombres, la violencia se toleraba e incluso se preveía dentro del matrimonio. Las feministas que formaron parte del Movimiento por la Templanza veían una conexión entre el consumo excesivo de alcohol y la violencia, por lo que presionaron para que se produjesen cambios legales y llamaron la atención sobre un problema largamente invisibilizado. Las feministas de la segunda ola retomaron el asunto en la década de 1970 y, como resultado, se abrieron refugios para mujeres en todo EE. UU. y Reino Unido. La académica estadounidense Susan Schechter ha demostrado cómo a menudo fueron las organizaciones de mujeres las que primero actuaron sobre esta problemática, ante la reticencia de los gobiernos a intervenir.

Hoy en día estamos más sensibilizados con la violencia doméstica que nunca,

NI UNA MENOS

Las manifestaciones de la campaña #NiUnaMenos de 2016 en Argentina se desencadenaron a raíz de las noticias diarias de violencia contra las mujeres. Las activistas denunciaron que parte del problema reside en la cultura machista, pero algunas sostienen que el incremento de los niveles de violencia contra la mujer es una reacción a sus logros educativos y políticos.

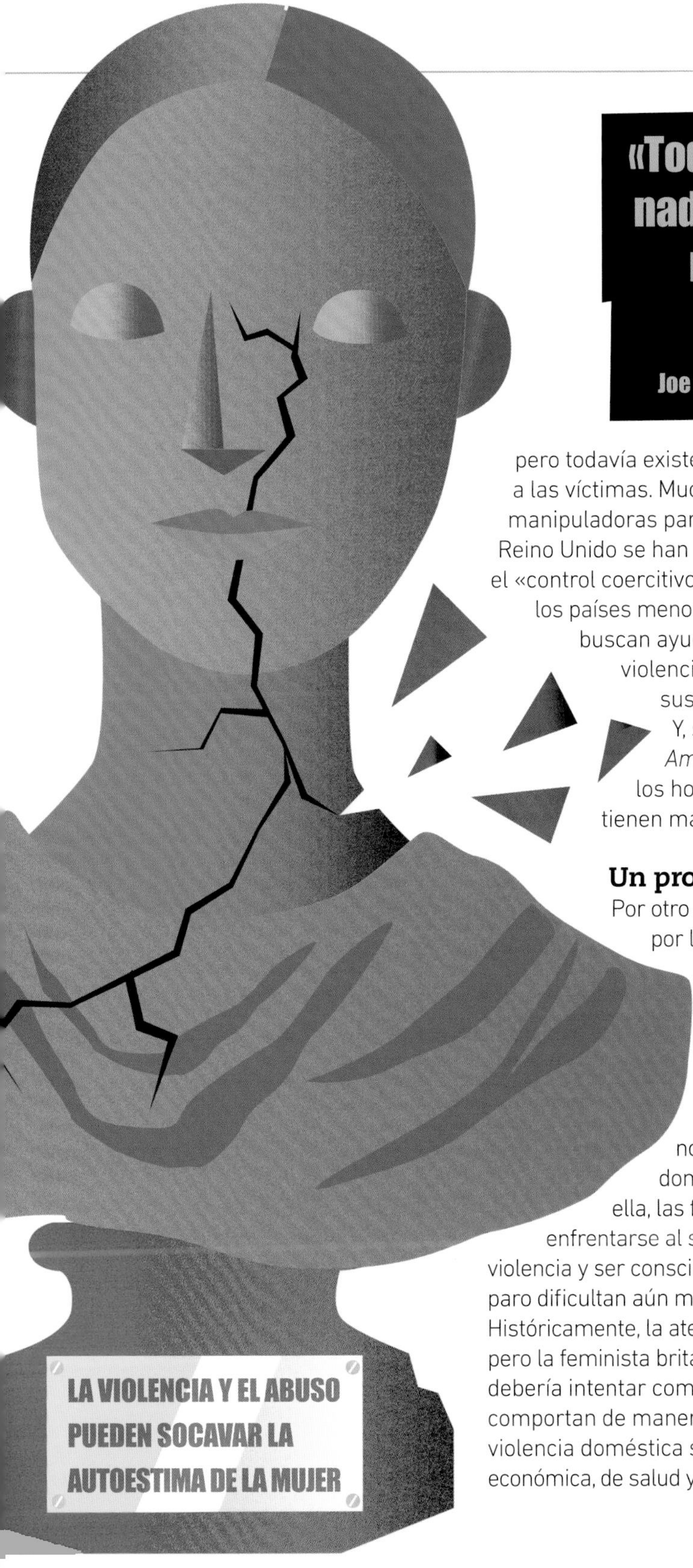

> **«Todos nuestros progresos... nada importa si las mujeres no pueden vivir libres de violencia».**
>
> **Joe Biden, exvicepresidente de EE. UU. (2016)**

pero todavía existen muchas dificultades a la hora de ayudar a las víctimas. Muchos agresores recurren a estrategias manipuladoras para desautorizar a las mujeres, aunque en el Reino Unido se han aprobado leyes recientemente que penalizan el «control coercitivo». Según las estadísticas, en la mayoría de los países menos del 40% de las mujeres que sufren violencia buscan ayuda. Las mujeres que han sido testigos de violencia ejercida sobre sus madres son más susceptibles de recibir abusos en sus relaciones. Y, según un estudio realizado por la revista *American Journal of Orthopsychiatry* en 1981, los hombres que han presenciado violencia infantil tienen mayor tendencia a convertirse en agresores.

Un problema mundial

Por otro lado, las feministas también se han interesado por las actitudes culturales que conducen a la violencia. La académica india Uma Narayan ha criticado el hecho de que las muertes por dote en India (el suicidio o asesinato de una mujer porque su familia no puede pagar la dote) se hayan vinculado a menudo a una cultura india «retrógrada», en tanto que no ha ocurrido lo mismo con la violencia doméstica de los países occidentales. Para ella, las feministas de todo el mundo deben enfrentarse al sexismo que se esconde detrás de la violencia y ser conscientes de que el racismo, la pobreza y el paro dificultan aún más la ruptura con las parejas agresoras. Históricamente, la atención se ha centrado en las víctimas, pero la feminista británica Liz Kelly sugiere que la sociedad debería intentar comprender por qué los hombres se comportan de manera violenta. En los últimos años la violencia doméstica se ha convertido en una cuestión económica, de salud y de derechos humanos a nivel mundial.

LA VIOLENCIA Y EL ABUSO PUEDEN SOCAVAR LA AUTOESTIMA DE LA MUJER

Ver también: 74-75, 82-83, 88-89, 144-145

La NOCHE es NUESTRA

En la década de 1970 se organizaron las primeras marchas de mujeres por las ciudades, de noche y con antorchas en la mano, para «reclamar la noche». Hoy en día se siguen organizando para exigir el derecho de las mujeres a sentirse seguras en la calle por la noche y como forma de protesta contra la violencia de género.

Reclamar la noche

Inspirándose en una marcha nocturna organizada en Bruselas en 1976 para protestar contra las agresiones machistas, mujeres de Roma y Berlín tomaron las calles en 1977 para «reclamar la noche», tras un notable incremento de las violaciones nocturnas. Sus protestas tuvieron un amplio eco entre las feministas de toda Alemania Occidental, Gran Bretaña y Estados Unidos, que coordinaron comitivas de mujeres con antorchas en la noche reclamando su derecho a andar solas sin tener miedo. Las mujeres estaban muy enfadadas por las medidas policiales, consistentes en recomendarles que no salieran a la calle por su propia seguridad.

¿Calles inseguras?

Una encuesta de 2005 reveló que el 95% de las mujeres se sienten inseguras en la calle de noche. En realidad, las estadísticas demuestran que los hombres tienen más probabilidades de ser víctimas de asaltos nocturnos. ¿Por qué entonces tienen miedo las mujeres de los espacios públicos, especialmente de noche? La investigadora feminista británica Liz Kelly plantea que los mitos colectivos sobre la violación contribuyen a que las mujeres se sientan más vulnerables. Por ejemplo, la mayoría de la gente

MUCHAS MUJERES SE SIENTEN INSEGURAS DE NOCHE

cree que la violación es una agresión cometida por un desconocido en una avenida oscura, pero en realidad las violaciones más comunes son las cometidas por hombres conocidos de las mujeres y en lugares donde estas se sienten seguras. Tanto en Europa como en Estados Unidos, menos del 30% de las agresiones sexuales son cometidas por hombres desconocidos para las víctimas.

¿Culpabilización de las víctimas?

En 2017, la policía de Malmö (Suecia) aconsejó a mujeres y niñas que no salieran de noche tras varias agresiones violentas contra ellas. De forma parecida, en 2014, tras una serie de agresiones a alumnas en varias universidades estadounidenses, los cuerpos de seguridad de la Universidad de Wisconsin enviaron correos electrónicos con consejos como: «Si te presentas como una presa fácil, no es de extrañar que atraigas a algún lobo». En otras palabras: se hace responsable a las mujeres de la violencia que sufren.

Las marchas siguen

Las actitudes hacia la responsabilidad de las agresiones sexuales están cambiando poco a poco. Sin embargo, las marchas anuales de La Noche es Nuestra siguen organizándose en todo el mundo para exigir el derecho a usar el espacio público sin miedo y para denunciar en un sentido más amplio el tema de la violencia contra mujeres y niñas.

«No al toque de queda para las mujeres».

Eslogan de la primera marcha La Noche es Nuestra (1977)

LAS 'SLUT WALKS'

En 2011, un policía de Toronto (Canadá) aconsejó, para evitar agresiones, que «las mujeres no se vistan como putas». En protesta contra esta culpabilización de la víctima y desprecio hacia las prostitutas, muchas mujeres organizaron una marcha en ropa interior.

Ver también: 40-41, 88-89, 90-91, 134-135, 138-139

EDUCACIÓN y TRABAJO

En la educación y el trabajo, las mujeres deberían poder alcanzar todo su potencial. Las feministas han señalado algunas cuestiones que todavía les impiden hacerlo, desde el sesgo de género en las aulas a la desigualdad salarial y las actitudes sexistas en el trabajo. Las feministas pretenden derribar dichas barreras e incrementar la representación de las mujeres en los puestos de liderazgo.

¿Educación IGUALITARIA?

El TRABAJO importa

¿Trabajos de MUJERES?

Chicas para TODO

BRECHA salarial

¿Es masculino el LENGUAJE?

¿Qué es el 'MANSPLAINING'?

Mujeres AL PODER

¿Educación IGUALITARIA?

En amplias regiones del mundo podría parecer que la lucha por una educación igualitaria ya se ha ganado. En muchos países, las alumnas están superando en rendimiento a los alumnos. Sin embargo, ¿podemos decir que la educación es verdaderamente igualitaria o el sesgo de género existente en las aulas todavía tiene influencia sobre las opciones educativas que eligen las niñas?

Los favoritos del profesorado

Desde muy pronto, niñas y niños reciben un trato diferente en las aulas. El equipo de investigación formado por Myra Sadker, David Sadker y Karen R. Zittleman descubrió que el profesorado a menudo presta más atención a los chicos. También comprobaron que el personal docente emplea casi dos tercios del tiempo en atender a estos. Asimismo, el profesorado interrumpe de manera más habitual a las chicas y permite que los alumnos las corten cuando están hablando.

EL SESGO EN LA EDUCACIÓN DE NIÑAS Y NIÑOS

Sesgo de género

Las interacciones que se dan dentro de las aulas sirven como refuerzo de los estereotipos de género que las y los adolescentes encuentran en los medios de comunicación. Las chicas reciben elogios por ser ordenadas, silenciosas y tranquilas, en tanto que los chicos obtienen reconocimiento si son independientes, activos y expresan sus opiniones. Algunas voces antifeministas a menudo argumentan que la mayor parte del profesorado está compuesto por mujeres y que esto puede suponer una desventaja para los alumnos, pero diferentes estudios han demostrado

> **«La educación no es solo alfabetizar, sino devolverles a las niñas su poder».**
>
> **Shiza Shahid, cofundadora de la Fundación Malala**

que tanto los profesores como las profesoras favorecen más a los chicos. Según investigaciones llevadas a cabo en EE. UU., cuando el alumnado no pone el nombre en los exámenes de matemáticas, las chicas obtienen mejores notas que los chicos. Pero si se conoce su identidad, ellos obtienen mejores notas. El sesgo por cuestiones de raza también puede tener influencia sobre el cuerpo docente. En EE. UU., por lo general, los chicos suspenden más asignaturas que las chicas, pero las alumnas negras suspenden el doble de asignaturas que los alumnos blancos y muchas más que el resto de las alumnas.

EDUCACIÓN SEPARADA

A menudo se sugiere que los colegios separados por sexos mejoran el rendimiento académico de alumnas y alumnos, aunque no existen pruebas sólidas que lo demuestren. Sin embargo, según estudios realizados en países de habla inglesa, este tipo de educación puede aumentar la inclinación de las alumnas por materias tradicionalmente dominadas por los chicos.

Materias CTIM

Una de las claves de cómo el sesgo en las aulas puede afectar a las niñas se encuentra en la brecha de autoestima que existe en ciertas materias. Según los datos recopilados por la OCDE, en todos los países salvo en tres las chicas decían sentirse «incapaces a la hora de resolver un problema de matemáticas», a pesar de que su capacidad era muy similar a la de los chicos. A la hora de elegir qué asignaturas estudiar, los alumnos habitualmente se inclinan por las disciplinas CTIM (ciencia, tecnología, ingeniería y matemáticas), mientras que ellas suelen preferir lengua, biología e idiomas. Es posible que la autoestima juegue un papel en todo esto. Aunque pueda parecer extraño, es en los países con los peores índices en cuanto a la igualdad de género donde se dan más licenciaturas de mujeres en materias CTIM. Algunos equipos de investigación han sugerido que esto se puede deber a la presión que existe por obtener trabajos de altos ingresos para escapar de las desigualdades. El fomento de una educación libre de sesgos de género en los colegios podría alentar a chicas y chicos a responder a sus intereses sin tener que seguir caminos condicionados por el género.

PUEDE INFLUIR EN LAS ASIGNATURAS QUE ELIGEN

Ver también: 16-17, 78-79, 102-103

Malala Yousafzai

Nacida en 1997

Su campaña a favor del derecho de las niñas a la educación ha convertido a Malala Yousafzai en la feminista joven más famosa del mundo. Lleva denunciando esta cuestión desde que tenía 11 años, cuando en su provincia, al noroeste de Pakistán, los talibanes intentaron prohibir que las niñas acudieran a la escuela. Malala los desafió, incluso después de que intentaran asesinarla, y acabó convirtiéndose en una gran activista.

«Tomemos los libros y los bolígrafos. Son nuestras armas más poderosas».

El derecho de las niñas a aprender

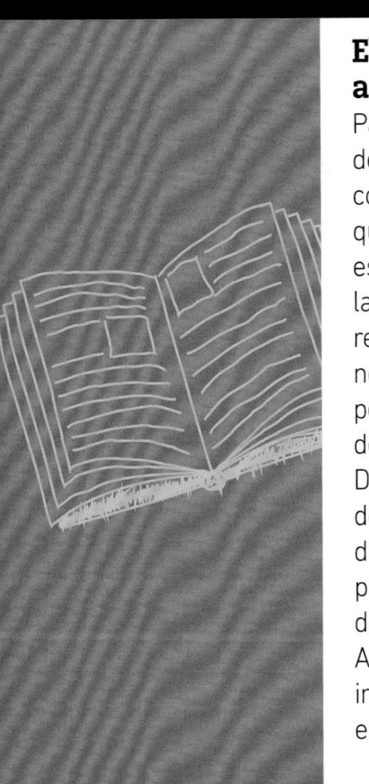

Pakistán es un fuerte bastión del movimiento talibán. Estos consideran «antiislámico» que las niñas acudan a la escuela, por lo que en 2008 lanzaron una prohibición al respecto. El Gobierno pakistaní no apoyó dicha prohibición, pero más de 80.000 niñas dejaron de asistir a clase. Determinada a luchar por el derecho a la educación, Malala dio charlas, escribió un blog para la BBC y protagonizó un documental estadounidense. Asustados por su creciente influencia, en 2012 los talibanes enviaron a un pistolero para asesinarla. El disparo la alcanzó en cabeza, cuello y hombro.

Premio Nobel de la Paz

Tras superar una operación quirúrgica a vida o muerte, Malala logró recuperarse totalmente. Y se negó a callarse, convirtiéndose en una portavoz mundial de los derechos infantiles. En 2014, con 17 años, se convirtió en la persona más joven en recibir el Premio Nobel de la Paz, honor que compartió con el activista indio Kailash Satyarthi, «por su lucha contra la opresión de la infancia y la juventud y por el derecho a la educación».

Fundación Malala

Malala ha fundado una ONG que se dedica a construir escuelas para niñas en países como Nigeria o Siria, donde la educación femenina suele estar marginada. Con el fin de crear sensibilización al respecto, se ha reunido con líderes mundiales, frecuenta la televisión y se ha convertido en embajadora de la ONU.

Su historia
En 2013 coescribió *Yo soy Malala. La joven que defendió el derecho a la educación y fue tiroteada por los talibanes.* Traducido a más de 40 idiomas, se ha convertido en un *best seller* mundial.

Difundir el mensaje
Malala ha difundido sus experiencias y su creencia en el derecho a la educación de las niñas de todo el mundo. Aquí, hablando a otras niñas en un centro de refugiados en Kenia, en 2016.

El TRABAJO importa

Hoy en día, las mujeres constituyen al menos el 40% de la mano de obra en más de 80 países. Para muchas mujeres, el trabajo puede resultar liberador, pues les permite ganarse la vida, aprender, contribuir, crear y relacionarse, además de garantizarles la independencia económica para decidir sobre su propia existencia.

Mano de obra

Las mujeres siempre han trabajado. En su libro *Si las mujeres contaran* (1988), la feminista neozelandesa Marilyn Waring subraya hasta qué punto el trabajo no remunerado de las mujeres ha sido siempre esencial para la economía de todos los países, a pesar de lo cual sigue siendo invisibilizado. Históricamente, las mujeres más pobres han realizado también más trabajo remunerado, aunque a menudo con sueldos menores que los hombres y en peores condiciones laborales, además de existir empleos que les estaban vetados. Muchas pasaron a la acción para cambiar esto. Las mujeres también han desempeñado una labor muy activa en los sindicatos: la feminista británica Clementina Black colaboró en la fundación de un sindicato de mujeres en el siglo XIX y la activista Jessie Eden llevó a numerosas mujeres obreras a la huelga en las décadas de 1920 y 1930. En Sudáfrica, mujeres como Frances Baard y Lilian Ngoyi lucharon por los derechos laborales de las trabajadoras negras durante el *apartheid*.

«En el futuro no habrá mujeres líderes, solo habrá líderes».

Sheryl Sandberg, *Vayamos adelante: las mujeres, el trabajo y la voluntad de liderar* (2013)

EL TRABAJO PERMITE A LAS MUJERES USAR SUS

Lideresas

Hoy en día ya hay muchas mujeres profesionalmente muy preparadas, como la empresaria estadounidense Sheryl Sandberg, directora ejecutiva de operaciones de Facebook. En 2013 escribió *Vayamos adelante*, donde ofrecía consejos a las mujeres que quieran entrar en el mundo de los negocios, aunque algunas feministas han criticado su discurso por plantear que para tener éxito las mujeres deben comportarse como hombres, sin cuestionar una estructura que siempre los beneficia. En cualquier caso, cada vez más mujeres abren negocios propios. En 2016, unos 163 millones de mujeres de 74 países abrían o dirigían nuevos negocios. Muchas empresarias abordan además temas de género en sus proyectos. En Uganda, la empresaria Nanyombi Margaret Pearl dirige un negocio que permite a las mujeres hacerse un autotest sobre infecciones vaginales. La empresaria samoana Angelica Salele se dedica a ofrecer productos de higiene femenina asequibles, sostenibles y reutilizables para mujeres de todo el Pacífico.

MICROCRÉDITOS

Los microcréditos han ayudado a muchas mujeres de los países en vías de desarrollo a lanzar su propio negocio. Son pequeños préstamos concedidos a personas, sobre todo mujeres, que de otra manera no podrían conseguir un crédito. Han permitido que muchas mujeres puedan ganarse su propio sustento.

Sostén familiar

Las mujeres de todo el mundo tienen hoy en día más acceso que nunca a la independencia y la responsabilidad económicas. Casi 4 de cada 10 mujeres en EE. UU. son ya el principal sostén familiar. Las mujeres trabajadoras también son positivas para la economía. Un estudio realizado por el McKinsey Global Institute plantea que, si todas las mujeres participaran en la economía al mismo nivel que los hombres, se añadirían unos 28 billones de dólares al PIB mundial (el valor de todos los bienes y servicios producidos).

CAPACIDADES PARA LOGRAR LA VIDA QUE DESEAN

Ver también: 102-103, 106-109

¿Trabajos de MUJERES?

¿En qué quieres trabajar? Hacer tus sueños realidad va a depender de tus capacidades, inteligencia y determinación, pero también, y más a menudo de lo que parece, de si eres hombre o mujer. No solo existen estereotipos sobre hombres y mujeres, sino también sobre trabajos de hombres y de mujeres, asumiendo que los hombres están mejor preparados para ciertos trabajos y las mujeres para otros.

Ver también: 78-79, 100-101

Trabajos para chicos (y chicas)

En un listado reciente de las 10 profesiones dominadas por mujeres figuran las de maestra de primaria, enfermera y secretaria. En cuanto a los trabajos dominados por los hombres destacan los del albañil, camionero y desarrollador de *software*. Tras varias décadas de cambios positivos y de aplicación de leyes laborales antidiscriminación, ¿cómo es que seguimos en las mismas? ¿Acaso es cierto que hombres y mujeres poseen diferentes capacidades y aptitudes que se adaptan mejor a unos trabajos que a otros? Una investigación de 2016 de la Universidad de Toronto señala que trabajadoras y trabajadores pueden presentar, en efecto, diferentes puntos fuertes que los hacen más adecuados para determinados trabajos, como una capacidad de reacción más rápida en el caso de los hombres o una mayor destreza manual en el caso de las mujeres. No obstante, las feministas argumentan que esto por sí solo no explica la división sexual del trabajo.

TRABAJO EMOCIONAL

En su libro de 1983 *The Managed Heart*, la socióloga estadounidense Arlie Hochschild explora la idea de que ciertos empleos implican un «trabajo emocional», pues obligan a las y los trabajadores a ocultar sus emociones o a falsearlas. Empleos que requieren estas habilidades, como el de auxiliar de vuelo, son predominantemente femeninos.

La brecha salarial

En Estados Unidos, por cada dólar que gana un trabajador, una trabajadora suele ganar 80 centavos, si bien esto no significa necesariamente que las mujeres hagan el mismo trabajo por menos dinero. Se trata más bien de que los sectores de actividad predominantemente femeninos no están tan valorados, por lo que sus empleos suelen estar peor pagados que los típicamente masculinos, aunque a menudo requieran un nivel educativo similar. Por ejemplo, en EE. UU. un responsable de nuevas tecnologías (profesión mayoritariamente masculina) gana un 27% más que una responsable de recursos humanos (ocupación mayoritariamente femenina).

En busca de un equilibrio

Históricamente, esta brecha salarial de género no se tenía en cuenta, con el argumento de que simplemente las mujeres elegían ocupar empleos peor pagados. No obstante, un estudio de 2016 de la Universidad Cornell de Nueva York (EE. UU) halló que los sueldos tienden a aumentar cuando un sector de actividad típicamente femenino se masculiniza. Por ejemplo, hasta la década de 1960, la programación informática era un sector típicamente femenino, mal remunerado y de baja categoría; hoy en día, es una actividad sobre todo masculina y ofrece salarios muy elevados. También ocurre lo contrario: cuando las mujeres acceden a sectores «típicamente masculinos», los salarios caen. Para cerrar la brecha salarial, es necesario formar una fuerza de trabajo más igualitaria. Existen iniciativas para fomentar que cada vez haya más mujeres en puestos de alto nivel, pero también es necesario revalorizar las actividades típicamente femeninas, sobre todo cuando las profesiones relacionadas con el cuidado de otras personas cobran cada vez mayor importancia, en unas sociedades en acelerado envejecimiento. Librarse de los estereotipos en el ámbito laboral facilitaría que las empresas contrataran a quien mejor desempeñe una labor, sea hombre o mujer.

«Si no han dejado un asiento para ti en la mesa, tendrás que llevarte una silla plegable».

Shirley Chisholm, primera congresista afroamericana

ROMPAMOS ESTEREOTIPOS: TODAS LAS PROFESIONES SON PARA MUJERES Y HOMBRES

Audre Lorde

1934-1992

Audre Lorde se describió una vez a sí misma como «negra, lesbiana, madre, guerrera, poeta», y desde su muerte por cáncer de mama en 1992 se la recuerda por todas esas cosas a través de su legado de prosa y poesía. Lorde utilizó su don como escritora poderosa y expresiva para luchar contra el sexismo, el racismo y la homofobia.

«No seré libre mientras haya una mujer que no sea libre, aunque sus grilletes sean muy diferentes a los míos».

Hablar con poemas

Desde su niñez en Nueva York, Audre Lorde se sintió fascinada por la poesía. Solía memorizar sus versos favoritos y recitarlos en conversaciones normales. Cuando dejó de encontrar poemas que la cautivaran, comenzó a escribir los suyos propios. En 1951 se publicó su primer poema en la revista *Seventeen,* pero sería décadas más tarde cuando su poesía alcanzaría una verdadera importancia.

La palabra como arma

Como feminista negra y lesbiana, Lorde consideraba que «en nuestro trabajo y en nuestra vida, debemos reconocer que la diferencia es una razón para la celebración y el crecimiento, más que una razón para la destrucción». Estaba comprometida con el feminismo de la segunda ola, los derechos civiles, los derechos *queer* y empleaba sus poemas como arma contra los prejuicios. Sus opiniones sobre el racismo y los prejuicios de clase contribuyeron a la evolución de la teoría feminista en los ochenta, que hasta ese momento había girado en torno a las experiencias de mujeres blancas, heterosexuales y de clase media.

La lucha contra el cáncer de mama

En su libro *Los diarios del cáncer* (1989), Lorde escribió cómo durante una década batalló contra el cáncer de mama y cómo lidió con la mastectomía. Asimismo, invitó a las mujeres a hablar sobre sus experiencias y a compartir la fuerza de esas historias de supervivencia. En esa época, Lorde fundó Kitchen Table: Women of Color Press, una editorial para la promoción de escritoras feministas negras.

El Proyecto Audre Lorde
Fundado en 1994, el Proyecto Audre Lorde es una organización de Nueva York que ayuda a las personas de raza negra que son lesbianas, homosexuales, bisexuales, dos espíritus, transgénero o no binarias. En la imagen, la activista Cara Page recibe un premio concedido por el proyecto.

Maestra inspiradora
A la derecha, Lorde en 1983, en el Centro Atlántico para las Artes de New Smyrna Beach, Florida, donde fue profesora residente de arte.

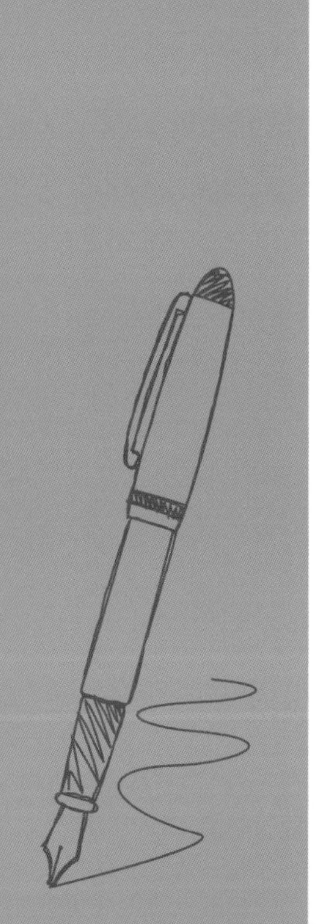

Women are
powerful
dangerous

Chicas para TODO

Actualmente en el mundo occidental trabajan más mujeres que nunca en empleos remunerados fuera de casa, pero lo cierto es que se siguen llevando la peor parte en las tareas del hogar. Un informe de la ONU de 2018 señala que las mujeres realizan 2,6 veces más trabajo doméstico no remunerado que los hombres.

Ver también: 80-81, 102-103, 108-109

El segundo turno

En 1965, un estudio demostró que las mujeres dedicaban casi todo su tiempo a labores domésticas no remuneradas. Los hombres apenas contribuían en este ámbito. Hoy en día, muchas mujeres tienen trabajos a tiempo completo, a pesar de lo cual siguen asumiendo la mayoría de estas labores, además de la crianza de los hijos. Un estudio de 2017 ha demostrado que las mujeres siguen realizando muchas más labores domésticas, con independencia de su nivel de estudios o de ingresos. A escala mundial, las mujeres dedican una media de 4,5 horas diarias a este tipo de tareas, más del doble que los hombres. La socióloga estadounidense Arlie Russell Hochschild ha llamado a esto «el segundo turno».

El hogar es el lugar de trabajo de la mujer

A lo largo de muchos siglos, se ha considerado que el lugar de la mujer era el hogar, pero antes de la Revolución Industrial del siglo XIX, para muchas

LA CRIANZA DE LOS HIJOS

En 1920, la revolucionaria rusa Alexandra Kollontai planteó que, para lograr la igualdad entre sexos, el trabajo doméstico y la crianza de los hijos debían convertirse en una actividad pagada por el Estado. Sostenía que tanto hombres como mujeres deberían ocuparse de ello, con el apoyo de la sociedad, que se encargaría de alimentar, criar y educar a sus hijos.

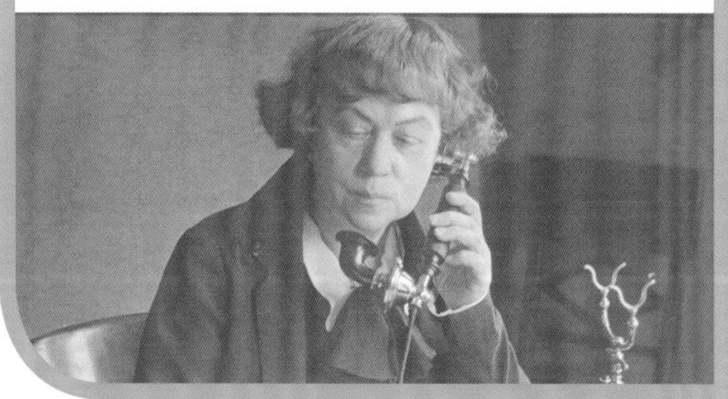

MUCHAS MUJERES SIMULTANEAN EL TRABAJO

personas el hogar era también un lugar donde se generaban ingresos (ya se tratara de una granja o de un taller doméstico), por lo que hombres y mujeres solían trabajar codo con codo. Las tareas de cada cual tal vez fueran diferentes, pero todas eran actividades valiosas. La división de género se amplió con la industrialización, cuando el trabajo asalariado salió de los hogares para entrar en las fábricas. Los hombres asumieron entonces el papel de «sostén familiar», mientras las mujeres seguían trabajando en el hogar. Su trabajo no remunerado pasó a ser percibido como menos valioso. Y aunque muchas mujeres también trabajaban en fábricas textiles, recibían un salario inferior.

Esta tendencia vino muy bien tanto a los hombres como a la economía. Y las mujeres se convirtieron así en las cuidadoras y gestoras del ámbito familiar sin ninguna remuneración a cambio, pero también en una fuerza de trabajo muy flexible. Esto quedó patente durante las dos guerras mundiales, cuando se reclamó la presencia de las mujeres en las fábricas de armamento, en el campo y como apoyo al ejército, pero en cuanto terminaron las contiendas fueron inmediatamente devueltas al hogar y sus empleos volvieron a manos de los hombres.

«Somos siempre su mano de obra indispensable».

Selma James, activista estadounidense (1975)

Remuneración del trabajo doméstico

El reconocimiento del trabajo no remunerado de la mujer en el hogar también es una cuestión crucial para las feministas. En 1972, una campaña internacional iniciada en Italia comenzó a reclamar la remuneración del trabajo doméstico por parte del Estado. La marxista italiana Silvia Federici planteaba que este tipo de trabajo desempeñaba un importante rol social y que presentarlo como un «atributo natural» de la mujer suponía infravalorarlo. Federici sostiene que las mujeres deberían exigir un sueldo justo por las labores del hogar, la crianza de los hijos e incluso el sexo para transformar la forma en que valoramos este tipo de trabajo.

Desigualdad de oportunidades

Muchas feministas no coinciden con las ideas de Federici, argumentando que pagar a las mujeres por el trabajo y los cuidados de la casa no aborda el problema de la división sexual de estas actividades. El trabajo doméstico beneficia a toda la familia, pero puede resultar muy aislante e ingrato. Este segundo turno de trabajo genera, además, una «brecha de pobreza de tiempo» entre mujeres y hombres que reduce las oportunidades de la mujer para mejorar su formación y su carrera profesional. Habría que revalorizar el trabajo doméstico y los empleadores deberían ofrecer horarios laborales más flexibles, si bien, en última instancia, la solución es que las parejas compartan estas labores con la mayor igualdad posible.

REMUNERADO CON EL CUIDADO DE LA FAMILIA

BRECHA salarial

Las mujeres constituyen la mitad del potencial de talento de todo el mundo. Por desgracia, sus ingresos todavía se encuentran lejos de reconocer dicha circunstancia. La brecha salarial de género existe en la mayoría de los países y en casi todos los ámbitos laborales. Los ingresos de los hombres estén creciendo más deprisa que los de las mujeres y la brecha se está ampliando por primera vez en esta década.

Latitudes y actitudes

Desde 2006, El Foro Económico Mundial (FEM) ha recopilado datos sobre la brecha de género en todo el mundo. El informe de 2017, que comparaba la información de 144 países, concluía que, mientras que la brecha de rendimiento educativo se estaba reduciendo, la brecha económica se estaba ampliando –pese a iniciativas como la de hacer que los empleados desvelen sus desigualdades salariales–. El informe del FEM mostraba que el salario medio mundial recibido por las mujeres era de 12.000$, mientras que el de los hombres era de 21.000$. La amplitud de la brecha varía en función de los países. Los lugares más avanzados en cuanto a la paridad de género se encuentran en la Europa Occidental, mientras que la brecha es más significativa en Oriente Medio.

¿Por qué los hombres ganan más?

La explicación para la brecha salarial de género la podemos encontrar en parte en la discriminación. A pesar de que va contra la ley en muchos países, las mujeres todavía ganan menos que los hombres por el mismo trabajo. La persistencia de los estereotipos de género también contribuye a perpetuar dicha situación. Así, las mujeres suelen ser contratadas para trabajos con salarios inferiores asociados con actividades «femeninas», mientras que los trabajos tradicionalmente «masculinos» están retribuidos con salarios superiores.

Según ciertos estudios, las mujeres tienden a ocuparse de la mayor parte de las responsabilidades asociadas al cuidado infantil, una situación que da lugar a la «brecha de maternidad», que implica que las mujeres con hijos reciben menores ingresos que las que no los tienen. Sophie Walker, líder del Partido por la Igualdad de las Mujeres del Reino Unido, sostiene que la causa principal de la brecha salarial es el alto coste del cuidado infantil, circunstancia que limita las horas que las mujeres dedican al mercado de trabajo. Y la situación empeora si introducimos otras desigualdades. La Asociación Americana de Mujeres Universitarias realiza cada año informes sobre la brecha salarial de género, en los que incluye datos relacionados con la raza, la edad, la discapacidad y la identidad sexual. Según dichos informes, las mujeres hispanas ingresan un 54% menos que un trabajador blanco. Asimismo, la edad también es un factor que amplía la brecha, ya que cuanto mayor es una trabajadora, menor es el salario que recibe en comparación con sus compañeros hombres.

PAN Y ROSAS

En 1912, la activista estadounidense Elizabeth Gurley Flynn se convirtió en una de las figuras más reconocidas de la lucha por la igualdad de salarios. Fue una de las organizadoras de la huelga Pan y Rosas, en la que las trabajadoras textiles reivindicaron mejores salarios, condiciones dignas y acceso a la educación.

Las mujeres mayores se enfrentan a una mayor discriminación salarial que las que se encuentran en el inicio de su carrera.

Paridad, no disparidad

Cada vez son más habituales las políticas que fomentan la contratación de la mujer, así como las leyes que obligan a las empresas a publicar sus datos sobre brecha salarial. En Islandia, que en 2017 tenía el menor índice de brecha salarial, el cuidado de los hijos lo costea el Estado, por lo que la mujer islandesa goza de una participación casi igualitaria en el mercado laboral.

Ver también: 100-103, 114-115

> **«La injusticia salarial ha prevalecido demasiado tiempo sin consecuencias».**
>
> **Serena Williams, jugadora de tenis estadounidense (2017)**

¿Es masculino el LENGUAJE?

¿Qué efecto tiene el lenguaje sobre la igualdad de género? Las feministas sostienen que la manera en que hablamos de las mujeres y los hombres refuerza los estereotipos. Pero ¿tienen realmente las palabras el poder de infravalorar a las mujeres?

EMPRENDEDOR

PODEROSO

RESUELTO

DECIDIDO

ENOJADO

EXPERTO

PARA DESCRIBIR LOS COMPORTAMIENTOS MASCULINOS SE USAN PALABRAS DIFERENTES...

¿Es neutral el lenguaje?

La feminista Australiana Dale Spender escribió un libro sobre el género y el lenguaje (*Man Made Language*, 1980) en el que sostiene que el «lenguaje no es neutral», sino que ha sido construido por el hombre. Las palabras y expresiones que utilizamos hoy en día fueron creadas en una cultura fuertemente centrada en el hombre y aún hoy siguen reflejando actitudes sexistas. ¿Alguna vez te has fijado en cómo nos referimos a un grupo mixto como «ellos» y no como «ellas»? El lenguaje asume que los hombres son la norma y las mujeres son «las otras». Por esto consideramos normal referirnos a una mujer con un término masculino, pero si nos referimos a un hombre con un término femenino nos parece despectivo.

Trabajos para ellas

Esta situación tiene repercusiones sobre la posición que ocupan las mujeres en el mercado laboral. Así, cuando una mujer desempeña un trabajo

> **«El lenguaje contribuye a moldear los límites de nuestra realidad».**
>
> **Dale Spender, *Man Made Language* (1980)**

tradicionalmente reservado a los hombres, el uso de términos como «la juez» o «la médico» en lugar de utilizar sus formas femeninas («jueza», «médica») implica que la opción por defecto es el hombre. En la actualidad, los términos genéricos neutros empiezan a imponerse en el uso, pero el arraigo del sesgo lingüístico en favor de los hombres es todavía evidente.

Palabras y género

En 2013, la revista de negocios *Fortune* llevó a cabo un estudio en el sector eminentemente masculino de la industria tecnológica para saber si los jefes describían de manera diferente a los hombres y a las mujeres, para lo cual realizó un análisis de las evaluaciones de rendimiento. El estudio concluyó que, mientras que los hombres recibían críticas constructivas en las que se les pedía que desarrollaran determinadas habilidades, las mujeres recibían críticas más personales. Existen otros estudios que han arrojado resultados similares: ante el mismo comportamiento, a un hombre se le considera «seguro de sí mismo», mientras que a la mujer se la describe de un modo más negativo con palabras como «brusca», «chillona» o «mandona».

ESCRITURA FEMENINA

La escritora feminista Hélène Cixous realizó un llamamiento a las mujeres a escribir de manera diferente. En su libro *La risa de la Medusa* (1975), instaba a las mujeres a dejar de intentar escribir como los hombres para ser aceptadas y, en su lugar, crear una forma de escritura construida sobre la singularidad de las cualidades y cuerpos femeninos. En 1974 fundó el Centro de Estudios sobre las Mujeres en la Universidad de París 8. (Abajo, Cixous en el centro de la imagen).

¡Compórtate como una mujer!

Nuestro lenguaje está plagado de ejemplos en los que lo masculino se asocia con lo positivo («¡Compórtate como un hombre!») y lo femenino con lo negativo («Corres como una niña»). La organización Lean In, fundada para empoderar a las empresarias, inició la campaña #BANBOSSY ('prohibir el término mandona') para disuadir del uso de esta palabra negativa para referirse a líderes femeninos. El Women's Media Center sugiere para este fin el uso de la norma de «reversibilidad»: si no dirías eso de un hombre, no lo digas de una mujer.

AMBICIOSA

EGOÍSTA

CONTROLADORA

MALHUMORADA

TERCA

... DE LAS QUE SE USAN PARA DESCRIBIR LOS MISMOS COMPORTAMIENTOS EN LAS MUJERES

¿Qué es el 'MANSPLAINING'?

La palabra *mansplaining* (fusión entre *man*, 'hombre', y *explaining*, 'explicación'), adaptada en español con el término «machoexplicación», describe la tendencia masculina a explicar un tema a una mujer de manera condescendiente, asumiendo que no sabe nada. Aunque es un neologismo reciente, el fenómeno está muy arraigado en la historia de la dominación masculina y del silenciamiento de la voz de la mujer.

Los orígenes del *mansplaining*

Se atribuye erróneamente a la escritora feminista estadounidense Rebecca Solnit el haber acuñado este neologismo, cuando su ensayo *Los hombres me explican cosas* se hizo viral. Lo cierto es que Solnit nunca emplea el término *mansplaining*, si bien muchas mujeres lo relacionan con el tipo de experiencias que ella describe. Por ejemplo, en una fiesta un hombre le explicó a Solnit su propio libro (que además no había leído), asumiendo que sabía más del tema que ella (que era la autora) por haber leído una reseña. Solnit lo describe como «esa dinámica según la cual algunos hombres asumen que saben lo que no saben y que las mujeres con las que hablan no saben lo que saben». Muchas mujeres han acudido a Twitter, bajo el *hashtag* #mansplaining, para compartir sus experiencias y en 2012 unas investigadoras crearon «Academic Men Explain Things To Me», una página web donde compartir historias sobre hombres que han tratado de explicarles

Ver también: 110-111, 114-115

«Los hombres se empeñan en explicarnos cosas, a mí y a otras mujeres, sepan o no de qué están hablando».

Rebecca Solnit, *Los hombres me explican cosas*

a las investigadoras su propio trabajo. Como Solnit dice, «el *mansplaining* no es un defecto universal del género masculino, sino más bien la intersección entre su habitual exceso de confianza y la ignorancia, piedra en la que suele tropezar una parte de dicho género». Es decir, no todos los hombres «machoexplican»; solo los muy autocomplacientes y un poco inconscientes.

Mira quién habla

Se podría decir que el *mansplaining* es una forma que tienen los hombres de «poner a las mujeres en su sitio» (un sitio pasivo y silencioso), otorgándose la autoridad para hablar y despreciando el conocimiento de las mujeres. En 2017, Sallie Krawcheck, exejecutiva de Wall Street y empresaria de Silicon Valley, contó en *The New York Times* cómo un inversor se dedicó a explicarle las dificultades de trabajar con asesores financieros, olvidando el alto nivel de experiencia que ella atesoraba en el mundo de los negocios.

Manterrupting («machointerrupción») es otro neologismo empleado para describir el viejo hábito masculino de dominar la conversación y silenciar la voz de las mujeres. Una investigación de 1975, a cargo de Don Zimmerman y Candace West, concluyó que durante las conversaciones en grupos mixtos, los hombres realizan el 98% de las interrupciones.

El derecho a hablar

«Machoexplicación» y «machointerrupción» pueden demostrar que los hombres están más acostumbrados a que se les escuche que las mujeres. Esto indica que los hombres poseen más poder, lo que les otorga más autoridad. Sin embargo, debilitar la voz de las mujeres puede tener graves consecuencias. En su ensayo, Solnit afirma: «la credibilidad es una herramienta de supervivencia». Garantizar que las mujeres sean escuchadas y tenidas en cuenta es algo que está en el núcleo de la lucha feminista. Por ejemplo, para lograr que el acoso sexual se considere un problema grave, es necesario ante todo que las propias mujeres puedan hablar y que se las escuche; solo entonces se tendrán en cuenta sus vivencias y se podrá pensar en el fin de la desigualdad.

LA VOZ DE LA MUJER

Las mujeres suelen recibir numerosas críticas sexistas relacionadas con sus hábitos de comunicación; por ejemplo, se suele decir que no paran de hablar, cuando todas las investigaciones demuestran que los hombres hablan mucho más. A las jóvenes se las acusa de distintas formas de amaneramiento verbal. Esto hace que parezcan menos competentes y con menor autoridad, pero controlar la voz de la mujer (privilegiando los rasgos fonéticos más masculinos) no es sino otra manera de minusvalorar a las mujeres.

Mujeres AL PODER

Las mujeres de todo el mundo lucharon por el derecho a votar en las elecciones pero ¿con qué frecuencia pueden utilizar su voto para que otras mujeres lleguen al poder? La desigualdad de género sigue siendo una realidad en política: las mujeres ocupan menos de una cuarta parte de los escaños parlamentarios de todo el mundo y son muy pocas las jefas de Estado. La mayoría de los países nunca han estado dirigidos por una mujer.

Fuera de la política

En 2017, la ONU presentó un panorama de la situación de la mujer en los puestos de poder, y la imagen no era alentadora. Se apreciaba una mejora en América Latina, pero el progreso en el resto del mundo ha sido lento o inexistente. En puntos donde anteriormente se veía algo de luz, como África o Escandinavia, el número de políticas se encuentra actualmente en descenso. Si el poder está principalmente en manos de los hombres, los gobiernos no pueden representar la diversidad de sus pueblos. Las mujeres necesitan implicarse en la elaboración de leyes, pero ¿qué les impide acceder a los altos cargos gubernamentales?

Discriminación y votos

La política es un sector costoso y altamente competitivo. Las mujeres son perfectamente capaces de recaudar fondos, llamar a la movilización y ganar elecciones. Por otro lado, aunque cada vez sean más las personas que apoyan candidaturas femeninas, en el mundo sexista de la política se sigue sin contar con suficientes mujeres. En los partidos se tiende a buscar personas de valía en sectores eminentemente masculinos, como los despachos de abogados, antes que acercarse a sectores tradicionalmente más femeninos, como la educación o el cuidado de menores. Sin embargo, grupos como Emily's List en EE. UU.

PRIMERA MINISTRA Y MADRE

La primera ministra de Nueva Zelanda, Jacinda Ardern, no tuvo problemas a la hora de decidir si dedicarse a la política o ser madre. Eligió ambas cosas, y dio a luz a su hija en junio de 2018, solo unos meses después de las elecciones. Ardern es la segunda jefa de Gobierno que tiene un hijo mientras dirige un país, después de Benazir Bhutto, primera ministra de Pakistán, en 1990.

LAS MUJERES PUEDEN ASCENDER AL PODER

están ofreciendo formación a mujeres para que accedan al mundo de la política.

Solo el 23% de los escaños parlamentarios del mundo están ocupados por mujeres.

¿Una cuestión de confianza?

Otro de los problemas es que muy pocas mujeres quieren adentrarse en el mundo de la política. A menudo esta circunstancia se ha achacado a la falta de confianza. Sin embargo, también puede ocurrir que las mujeres no reciban el apoyo y la aprobación que obtienen los hombres ante sus aspiraciones. Según estudios llevados a cabo en EE. UU., en la universidad se tiende a fomentar más el deseo de entrar en política en los hombres que en las mujeres. Quizá las mujeres también se sientan desalentadas por el esfuerzo adicional que implican para ellas las campañas electorales, pues el escrutinio y nivel de crítica al que se ven sometidas por razones de género son tremendos.

Ver también: 22-25, 96-97, 110-111, 128-129

La necesidad de más candidatas

Una de las maneras de asegurar que más mujeres accedan a los puestos de gobierno es el uso de cuotas de género, que determinan el número mínimo de mujeres que deben figurar en la listas electorales. Alrededor de 45 países hacen uso de este sistema. Existen pruebas concluyentes de que cada mujer que se dedica a la política inspira a otras a hacer lo mismo. Un estudio sobre la campaña electoral de 2015 en Israel determinó que las candidatas generaban una mayor implicación de los votantes en las redes sociales. En otro estudio centrado en 100 países, el Instituto Nacional Demócrata para los Asuntos Internacionales de EE. UU. concluyó que las políticas tienden a ser más receptivas a las demandas del electorado y suelen comprometerse más con asuntos que afectan a las mujeres.

¿Qué es la democracia? ¿El pueblo para el pueblo o los hombres para el pueblo?

Phumzile Mlambo-Ngcuka, ONU Mujeres

PERO EL SESGO DE GÉNERO IMPEDIRÁ QUE ALCANCEN LA CIMA

CULTURA y SOCIEDAD

El ideal de BELLEZA

¿Llevan TACONES las FEMINISTAS?

La IMAGEN

La MIRADA MASCULINA

¿El SEXO vende?

Los MEDIOS de comunicación

REDES sociales

Volverse INVISIBLE

¿Es siempre mala la PORNOGRAFÍA?

Feminismo y trabajo SEXUAL

Mujeres del mundo, ¡UNÍOS!

Un FEMINISMO global

¿Puede un hombre ser FEMINISTA?

La sociedad en la que vivimos determina cómo nos vemos a nosotras mismas y a los demás. La publicidad, las redes sociales y la cultura popular contribuyen a ello. Las feministas han estudiado la representación de las mujeres en los medios y han cuestionado su discurso sobre cómo las ve la sociedad. Según ellas, debe haber una representación más diversa y una perspectiva más feminista y global.

El ideal de BELLEZA

Las feministas creen que la industria de la belleza genera ansiedad en las mujeres sobre su aspecto a través de las imágenes de belleza que crea. Las mujeres sienten una presión constante por estar a la altura de estos ideales y pueden sufrir de baja autoestima si sienten que no llegan a cumplirlos. La industria de la belleza obtiene beneficios vendiendo la idea de que, si compras sus productos, parecerás más delgada, más joven y más guapa.

El valor de una mujer

La periodista y feminista estadounidense Naomi Wolf, en su libro *El mito de la belleza* (1990), afirma que para las mujeres no es innato el querer estar guapas ni para los hombres valorar la belleza por encima de todo. Lo que ocurre es que la cultura en la que vivimos impone estrictos cánones de belleza que sirven para sostener el control social, político y económico sobre las mujeres. Según Wolf, antes de los años sesenta, el valor social de las mujeres dependía en gran medida del ámbito doméstico, mientras que ahora el mito de la belleza es la forma dominante de valor social. Las feministas consideran que la asociación que se establece entre belleza y feminidad tiene como objetivo oprimir a la mujer. En la construcción que supone el mito de la belleza, el cuerpo de la mujer se ha convertido en la prisión que fue el hogar en el pasado.

¿Quién define la belleza?

El ideal de belleza se ha ido modificando a lo largo de la historia, pero hoy en día en Occidente consiste en ser joven, delgada, blanca y sin discapacidad; aquellas mujeres cuyo cuerpo no coincide con estos ideales son objeto de menosprecio. Un gran número de las imágenes que vemos a diario en los medios de comunicación están retocadas, lo que genera unas representaciones que poco tienen que ver con la realidad. Esto es habitual en las páginas de las revistas de moda, pero también en redes sociales como Instagram, donde se pueden aplicar filtros para realzar el atractivo, reforzando así las ideas sobre «belleza» y «cuerpos perfectos».

¿Es la belleza sinónimo de control?

El mito de la belleza también está relacionado con los comportamientos. Así, la depilación del vello del cuerpo femenino está considerada como un atributo atractivo en la cultura occidental, mientras que para las feministas constituye otro método para controlar a las mujeres. Es más, en la actualidad no depilarse el vello corporal se interpreta a menudo como una toma de postura. A las mujeres con pelo en cualquier lugar de su cuerpo salvo en la cabeza se las etiqueta de «descuidadas», «desarregladas» o «vulgares», con la presión que esto supone para que cumplan con los cánones de belleza. El esfuerzo que supone estar a la altura es agotador, caro y requiere una gran inversión de tiempo. Ese tiempo que las mujeres dedican a preocuparse por su aspecto, no lo están ocupando en desarrollar su potencial de otro modo. Wolf utiliza la expresión «conspiración cultural»: las mujeres que se sienten feas o mayores comprarán productos que no necesitan, y aun así se seguirán sintiendo inferiores o ineptas, ya que cumplir con los cánones de belleza es una meta imposible de alcanzar. Wolf comprobó que cuanto más se ha liberado la mujer, más se ha incrementado la presión para ajustarse a los rígidos ideales de belleza.

El valor total de la industria mundial de cosméticos se estima en 500.000 millones de dólares.

Estar guapa

Para Wolf el origen del problema se encuentra en la falta de elección. Las niñas y las mujeres pueden llevar maquillaje y depilarse las piernas para expresar su feminidad, pero no deberían estar constreñidas por los cánones perjudiciales de belleza que establecen que la única manera de estar guapa es ser delgada, tener la piel clara y no sufrir discapacidad. Cada vez más voces de mujeres se alzan contra la imposición que suponen los ideales de belleza, y como consecuencia de dichos posicionamientos, así como del poder de compra de las mujeres, algunas marcas de ropa han decidido dejar de retocar las imágenes de sus modelos. Sin embargo, todavía queda mucho camino por recorrer. Desmantelar los cánones tradicionales de belleza no significa que las mujeres deban deshacerse de las cuchillas y el maquillaje. Las feministas defienden que es necesario redefinir el concepto de belleza y que no hay ningún problema en hacerlo con los labios pintados.

FEMINISMO A LA VENTA

En su libro de 2016 *We Were Feminists Once*, la feminista Andi Zeisler sugiere que el mercado se ha apoderado del feminismo para vender productos de belleza. La autora analiza cómo las campañas de publicidad dirigidas a empoderar a la mujer y mejorar su autoestima en realidad pretenden vender productos que, en última instancia, juegan con la ansiedad de la mujer sobre su apariencia.

Ver también: 52-53, 120-127, 130-133

«Gana cuando se llama guapa a sí misma y desafía al mundo para que cambie y la vea tal como es».

Naomi Wolf, *El mito de la belleza* (1990)

¿Llevan TACONES las FEMINISTAS?

Los tacones altos se ponen de moda y dejan de estarlo, y para algunas feministas son solo una parte más de su estilo. Para otras, en cambio, son un símbolo de opresión, ya que los tacones producen dolor, restringen el movimiento y refuerzan los estereotipos femeninos negativos. ¿Quién tiene razón?

Feminidad

Los zapatos de tacón pretenden hacer que la persona que los lleva parezca más «femenina»: el tacón acentúa la longitud de la pierna y las formas curvilíneas. Los medios de comunicación y la industria de la moda tienden a retratar a la mujer con tacones, generando con ello un ideal de mujer sensual, feliz y exitosa. Algunas feministas sostienen que dicha práctica cosifica a las mujeres y establece cánones de belleza irreales e imposibles de alcanzar.

Autoafirmación

Otras feministas manifiestan que la moda no constituye opresión alguna, sino que puede ser una forma divertida de autoafirmación, de identidad y de empoderamiento. La socióloga británica Joanne Entwistle defiende que algunas mujeres disfrutan con las diferentes posibilidades que la moda les ofrece y que con ella generan su propia identidad. Algunas mujeres dicen que llevan tacones porque les hace sentirse fuertes y dominadoras.

La asociación entre tacones altos y poder tiene ya un largo recorrido. De hecho, los zapatos de tacón se inventaron en el siglo x para que los caballeros persas pudieran mantener las botas en los estribos. En aquella época, ser propietario de un caballo era un símbolo de estatus

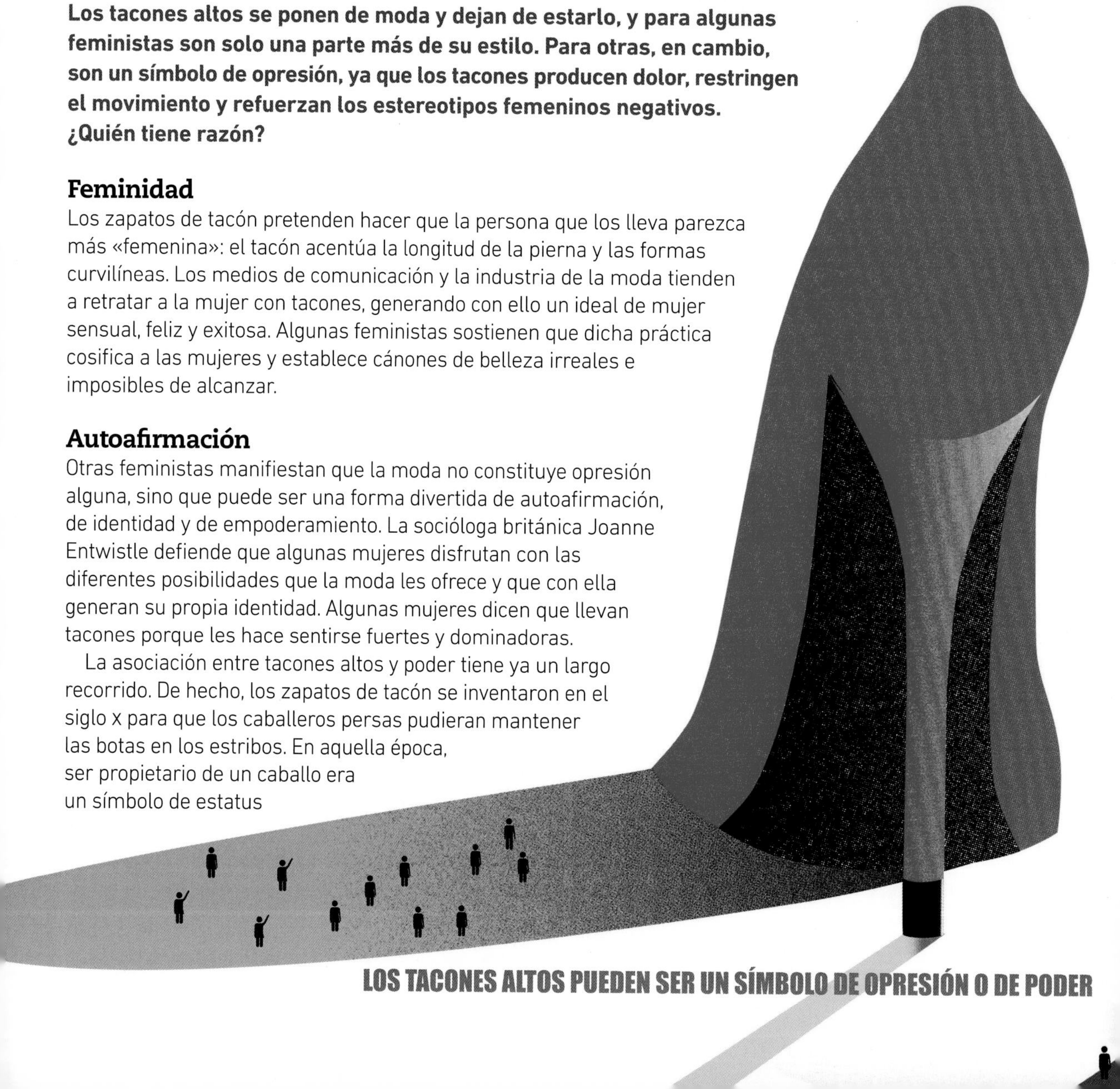

LOS TACONES ALTOS PUEDEN SER UN SÍMBOLO DE OPRESIÓN O DE PODER

social. En la Europa del siglo XVI, los tacones altos constituían un símbolo de prestigio social. Es posible que sea la combinación de diversos factores, como la asociación histórica con el rango social, el diseño de los zapatos y la altura adicional que aportan, la que contribuye a que las mujeres se sientan poderosas en un mundo dominado por hombres.

LA ETIQUETA

En 2015 algunas mujeres se indignaron cuando los agentes de seguridad del Festival de Cine de Cannes negaron el acceso a las mujeres que llevaban zapato bajo, ya que la etiqueta establecía el uso de tacones. Desde entonces, algunos actores y actrices han criticado dicha norma. En 2018, la actriz Kristen Stewart se presentó descalza en la alfombra roja para insistir en esta discriminación.

Un tema doloroso

Los tacones se convirtieron en un tema candente a raíz del debate sobre si oprimían a las mujeres causándoles incomodidad y dolor. Evidentemente, los tacones no han sido diseñados para caminar largo rato o deprisa, pero en algunas ocasiones la etiqueta todavía obliga a las mujeres a llevarlos. En 2016, a Nicola Thorp, una recepcionista que trabajaba en la empresa PwC de Londres, se le denegó el sueldo por negarse a llevar tacones altos. Thorp manifestó que el hecho de no llevar tacones no afectaba a su capacidad para desarrollar su trabajo y señaló que a sus compañeros hombres no se les había exigido lo mismo. Thorp presentó un petición, que se debatió en el parlamento, para que se dictara una ley que restringiera los códigos de vestimenta en los lugares de trabajo.

Ver también: 118-119, 128-129

¿Libertad de elección?

Al final se trata de la libertad de elección y de expresión. Las mujeres deberían tener la posibilidad de elegir y no ser objeto de imposiciones referentes al modo de vestir.

En un cuadro del siglo XVII, el rey Luis XIV de Francia aparece con tacones rojos muy altos.

La IMAGEN

¿Cómo debe ser el «cuerpo ideal» de una mujer? Actualmente, en Occidente, se lleva la delgadez; internet, la televisión y las revistas están dominadas por mujeres delgadas (normalmente jóvenes, blancas y «perfectas»). Las imágenes de estos cuerpos «perfectos» imponen unos estándares imposibles de alcanzar, lo que conduce a que muchas mujeres se sientan insatisfechas y desgraciadas con su cuerpo.

¿Qué aspecto tengo?

El aspecto de la mujer recibe tanta atención en la sociedad actual que puede llegar a afectar a su salud y autoestima. En 1978, la psicoterapeuta Susie Orbach escribió *Fat is a Feminist Issue*, donde sugiere que hay mujeres que comen en exceso como reacción a la presión de la sociedad para que sean «perfectas». Orbach cree que las mujeres se suelen esforzar por ser delgadas para adaptarse a las ideas

TOMAR MEDIDAS

Este anuncio de una bebida que muestra un cuerpo idealizado fue prohibido por el metro de Londres, después de que unas 70.000 personas firmaran una petición. El alcalde de Londres expresó su preocupación por una publicidad que hace que muchas mujeres se avergüencen de su cuerpo.

COMPARARSE CON IDEALES IMPOSIBLES PUEDE

dominantes de atractivo y de éxito, pero para algunas engordar se convierte en una forma de evitar la competitividad y de esquivar las insinuaciones sexuales. Muchas mujeres, no obstante, debido a la presión de mantener siempre un aspecto delgado acaban en un círculo vicioso de dietas y atracones

> **«No creo que sea fea, pero odio cómo todo el mundo responde a este cuerpo».**
>
> **Roxane Gay, *Hunger* (2017)**

compulsivos. Las industria de la nutrición y del *fitness* son muy conscientes de todo esto, por lo que hacen caja aprovechando las inseguridades de las mujeres en torno a su cuerpo, mientras la publicidad y los medios perpetúan su infelicidad con las imágenes que difunden. En *Unbearable Weight*, la investigadora estadounidense Susan Bordo plantea que las dietas ya están tan normalizadas en nuestra cultura que muchas adolescentes sanas están tratando de emular las imágenes imposibles que ven por todas partes. Y este deseo de delgadez afecta a niñas y niños cada vez más jóvenes. Un estudio realizado por Common Sense Media (2015) en Estados Unidos demuestra que, a los siete años, 1 de cada 4 niñas y niños ya ha seguido alguna dieta. En los casos más extremos, las dietas acaban conduciendo a pensamientos obsesivos e incluso a depresiones; además incrementan el riesgo de desarrollar algún desorden nutricional, como la anorexia o la bulimia.

Ver también: 118-121, 124-131

Positividad corporal

Sin embargo, a pesar de toda esta «cultura de la dieta», últimamente la diversidad corporal está ganando cada vez más aceptación social. Cada vez hay más chicas que se inspiran en mujeres fuertes del deporte, en «modelos XXL» como Ashley Graham y en famosos de las redes sociales que usan el *hashtag* #bodypositivism. Incluso la muñeca Barbie se vende ya con cuatro complexiones corporales diferentes.

DISTORSIONAR LA PERCEPCIÓN QUE LAS MUJERES TIENEN DE SÍ MISMAS

La MIRADA MASCULINA

Los críticos y las feministas siempre han sostenido que el modo en que se ha retratado a la mujer en el arte y el cine la ha reducido a un objeto pasivo para disfrute del hombre. La idea de que el arte se crea pensando en un espectador masculino imaginario es lo que se conoce como la «mirada masculina». Las feministas están cuestionando dicho punto de vista.

La representación de la figura femenina

En su libro de 1972 *Modos de ver*, el crítico de arte británico John Berger escribió que si las mujeres aparecen retratadas en imágenes de una manera diferente a los hombres, no es porque lo femenino sea intrínsecamente distinto de lo masculino sino «porque siempre se asume que el espectador "ideal" es un hombre y que la imagen de la mujer a la que mira ha sido diseñada para halagarle». En las pinturas renacentistas de desnudos, Berger comprobó que las mujeres desnudas se representaban mirando hacia fuera de la pintura y que sus cuerpos se exhibían para un espectador masculino imaginario que las espiaba. Si el punto de vista masculino es activo (el que mira) y el femenino es pasivo (lo que se mira), el resultado es que la mujer se convierte en un objeto idealizado de deseo, mientras que el hombre se encuentra en una posición de poder.

Ver también: 38-39, 86-87, 128-129, 130-131

LAS FEMINISTAS CUESTIONAN LA CARACTERIZACIÓN PASIVA DE LAS MUJERES EN EL ARTE Y EL CINE

La mirada masculina

La teórica feminista de cine Laura Mulvey fue la primera persona en utilizar el término «mirada masculina». En 1975 escribió el libro *Placer visual y cine narrativo*, en el que señalaba que las mujeres que aparecían en las películas de Hollywood habitualmente lo hacían como objetos de deseo. Asimismo, estudió el modo en que la cámara tendía a cerrar los planos y a detenerse sobre el cuerpo de las mujeres. Dicha expresión se ha utilizado ampliamente para referirse a la cosificación de la mujer en la cultura popular. Otras feministas han apuntado que la idea de Mulvey solo se refería a las mujeres blancas. La académica afroamericana bell hooks cuestionó el modo en que se espera que las mujeres negras se relacionen con el cine cuando la mirada cinematográfica no es solo masculina sino blanca. Las teóricas *queer* también han estudiado el significado que tiene para las lesbianas la mirada masculina cuando el espectador final es un hombre heterosexual.

Con la mirada al frente

Las mujeres están resistiéndose cada vez más a la mirada masculina creando sus propias imágenes. Según estadísticas recientes aparecidas en el «informe del techo de celuloide», el número de directoras que aparecen en la lista de películas más taquilleras de EE. UU. está creciendo, aunque todavía se encuentra en el 11%. También en el mundo del arte se ha tratado de cuestionar la representación de la mujer. Artistas como Frida Kahlo (México), Marlene Dumas (Sudáfrica), Paula Rego (Portugal) y Jenny Saville (Reino Unido) han buscado nuevas maneras de representar el cuerpo femenino, en busca de una verdad sin ropajes que sustituya a la mujer idealizada para la mirada masculina. Otra manera de contrarrestar esta mirada masculina es incrementando la exhibición de obras realizadas por mujeres en las galerías de arte. En 1985, el grupo activista feminista Guerrilla Girls organizó una protesta contra la exclusión de las mujeres en el MoMA de Nueva York (EE. UU.) y en el mundo del arte en general. Uno de los carteles rezaba: «¿Acaso tienen que desnudarse las mujeres para entrar en el Met? Menos del 5% de las artistas de las secciones de arte moderno son mujeres, pero el 85% de los desnudos son femeninos». En 2011 realizaron un recuento y descubrieron que tan solo el 4% de las artistas de las secciones de arte moderno y contemporáneo eran mujeres, pero que el 76% de los desnudos eran femeninos.

LA MIRADA FEMENINA

Artemisia Gentileschi, pintora italiana del siglo XVII fue una de las pintoras más aclamadas del Renacimiento, cuando el arte era sobre todo una ocupación masculina. Es famosa por representar mujeres fuertes y sensuales, como este autorretrato, en el que muestra sus fuertes brazos desnudos mientras pinta, con un tratamiento muy diferente al de las caracterizaciones pasivas de la mujer en aquella época.

«La imagen de la mujer tal y como la conocemos es una imagen creada por el hombre y moldeada según sus necesidades».

Kate Millett, *Política sexual* (1970)

¿El **SEXO** vende?

La industria publicitaria necesita a las mujeres. Estas no solo constituyen su público mayoritario, que concentra cerca del 80% del poder de consumo, sino que también influyen decisivamente en las decisiones de compra de novios, maridos e hijos. A pesar de lo cual, las y los publicistas han tardado mucho tiempo en presentar modelos de mujeres que puedan servir de referencia a otras mujeres.

Vender estereotipos

Las feministas llevan desde la década de 1960 protestando por la forma en que los anuncios presentan a la mujer en los roles de esposa, madre y ama de casa. Semejantes estereotipos refuerzan los prejuicios sobre los roles de género y pueden llegar a limitar las aspiraciones de las jóvenes, según un estudio estadounidense realizado por la Universidad de Harvard en 2011. Por otro lado, en los anuncios a las mujeres se las ha retratado desde siempre como objetos sexuales. De hecho, el 96% de las imágenes publicitarias con contenido sexual corresponden a mujeres, según la feminista estadounidense Caroline Heldman. Una investigación de 2011, dirigida por Debra Trampe en los Países Bajos, señala que la imágenes retocadas de las modelos provocan que muchas mujeres se sientan insatisfechas con su apariencia personal. Los estereotipos de género también pueden tener un impacto negativo en los hombres, cuando piensan que deben parecerse a la típica imagen publicitaria del hombre deportista, masculino y seguro de sí mismo.

«La forma en que la publicidad retrata a hombres y mujeres se interioriza como si fueran normas sociales».

Jacqui Hunt, directora de *Equality Now* (2018)

Un informe del Parlamento Europeo de 2012 subraya la importancia de eliminar los estereotipos de género de los anuncios, pues refuerzan los prejuicios sobre hombres y mujeres y distorsionan la autopercepción de las personas.

Ver también: 118-119, 122-123

¿Qué ha cambiado?

Una investigación conjunta entre el Instituto Geena Davis y la agencia de publicidad J. Walter Thompson, realizada en 2017, ha concluido que la representación de las mujeres en los anuncios no solo no ha mejorado, sino que cada vez acude a modelos más jóvenes e ignorantes. Según este estudio, en los anuncios los hombres tienen 89% más de probabilidades que las mujeres de quedar reflejados como inteligentes; además de aparecer hasta cuatro veces más que las mujeres y hablar hasta siete veces más. La mayoría de las mujeres de los anuncios no superan la veintena, mientras que los hombres pertenecen a franjas de edad superiores. Y uno de cada diez personajes femeninos viste ropa sexualmente sugerente, lo que resulta seis veces más común que en el caso de los personajes masculinos. Existen, no obstante, deseos de cambio. Un estudio mundial llevado a cabo por Unilever indica que hasta un 40% de las mujeres no se identifica con las modelos que aparecen en los anuncios. En otra investigación, la Universidad de Cambridge llega a la conclusión de que las consumidoras prefieren marcas que emplean modelos con las que se identifican y que representan a mujeres reales.

RETIRADA DE ANUNCIOS

En todo el mundo abundan los anuncios sexistas. Pero en 2018 las autoridades de Estocolmo (Suecia) han votado la prohibición de la publicidad sexista en la vía pública. Así, pueden retirar imágenes ofensivas, que representen a las mujeres o a los hombres como objetos sexuales, o que contengan roles de género estereotipados.

Mujeres más reales

En respuesta a esta creciente demanda de imágenes de belleza más realistas y diversas, algunos anunciantes han comenzado a cambiar los tipos de mujeres representados en sus anuncios. La marca estadounidense Billie, por ejemplo, ha recibido muy buenas críticas por ser la primera empresa en décadas cuya publicidad representa a mujeres con vello corporal. El anuncio «Like A Girl», de la marca de higiene femenina Always, se burla del prejuicio de que hay cosas que las chicas no saben hacer tan bien como los chicos; y varios fabricantes de artículos deportivos, como Nike y Under Armour, han diseñado campañas que muestran a mujeres fuertes superando las adversidades. Sin embargo, esta creciente tendencia de mostrar a mujeres empoderadas en los anuncios está siendo criticada por algunas feministas, que acusan a los anunciantes de apropiarse de las ideas feministas para vender sus productos, sin hacer nada por luchar contra la desigualdad de género en sus propias empresas.

Los MEDIOS de comunicación

Puesto que los medios de comunicación son tan poderosos como para influir en la opinión pública, ¿qué ocurre cuando son hombres quienes los gestionan y presentan mayoritariamente? Aunque las mujeres constituyen la mitad de la audiencia de la televisión, la radio y la prensa, casi todos los propietarios de los medios son hombres y también lo son quienes ocupan la mayoría de los puestos directivos.

Las mujeres en primer plano

Las feministas sostienen que, puesto que los medios están dominados por hombres, resulta casi imposible que las mujeres consigan una representación igualitaria. Los hombres ocupan el 73% de los puestos de alta gestión en los medios a escala mundial, según un estudio de 2011 llevado a cabo por la International Women's Media Foundation. El Global Media Monitoring Project, por su lado, ha analizado las noticias en 114 países en 2015 y ha concluido que las mujeres solo suponen el 24% de las personas sobre las que se informa en los medios y, cuando aparecen en ellos, se las suele juzgar más por su aspecto que por lo que dicen. En las películas y programas de televisión, se las suele representar como seres pasivos, sumisos o víctimas. Por ejemplo, una investigación internacional del Instituto Geena Davis en 2014 sobre imágenes de género en el cine ha descubierto que menos de un tercio de los papeles con diálogos corresponden a mujeres. En cuanto a los profesionales de los medios, menos de una cuarta parte son mujeres y estas se hallan ampliamente ausentes de los puestos de poder. Las mujeres tienen además el doble de posibilidades de aparecer desnudas o «ligeras de ropa». Los medios constituyen una fuente de información muy influyente, por lo que su representación de la mujer puede reforzar las ideas sobre los roles de género y los estereotipos negativos.

Ver también: 114-115, 118-119

Poderosas de segunda

A las mujeres no se las suele representar en los medios como poderosas ni influyentes. Incluso cuando las noticias giran en torno a mujeres poderosas, los titulares tienden a centrarse en su apariencia o su estilo para vestir, devaluando así la posición política

«Si quiero que una noticia salga en portada, no tengo más que cambiar de peinado».

Hillary Clinton, ONU Mujeres, Pekín (1995)

GAL-DEM

La revista *on-line* británica *Gal-dem* está contribuyendo a cambiar la cara de los medios de comunicación. Fue creada en 2015 por Liv Little para paliar la falta de diversidad de las mujeres presentes en los medios y abrir un espacio para que las mujeres que no sean blancas puedan compartir experiencias.

de las mujeres en su conjunto. Por ejemplo, el Gobierno socialista nombrado en España en 2018 es el más femenino de toda Europa. Pero estas mujeres han sido minusvaloradas por el periódico *ABC*, que solo hablaba de ellas en la sección de moda, donde evidentemente nunca se ha dicho nada de los ministros hombres. Este periódico publicó que la exministra de Sanidad, Carmen Montón Giménez, «tiene un físico al que podría sacar más partido». Dos investigaciones estadounidenses del proyecto Name It, Change It demuestran que cuando los medios de comunicación se dedican a comentar la apariencia de mujeres políticas, ejercen un efecto negativo en la visión que de ellas tiene el electorado, pues se las considera menos fiables o cualificadas. De igual manera, las mujeres también están infrarrepresentadas como expertas. Cuando los medios acuden a algún experto, este casi siempre es un hombre. La activista feminista Caroline Criado-Pérez se dedica a intentar cambiar los sesgos machistas en la prensa británica. Es la cofundadora de «The Women's Room», una página web que promueve la visibilidad de mujeres expertas en diversos ámbitos.

Es hora de cambiar

Muchas mujeres se sienten infrarrepresentadas en los medios o bien estos no abordan los temas que más les afectan. Esta es la razón de ser de revistas feministas como *BBY* en Suecia, *Sukeban* ('jefa') en Japón o *Femini* en el Reino Unido, que se dedican a promover la diversidad y a hablar sobre las luchas y los éxitos de las mujeres de todo el mundo. También comienzan a verse señales de cambio en los grandes medios de comunicación de masas. Por ejemplo, la revista estadounidense *Teen Vogue* ha abierto una sección de moda para mujeres de talla XXL y ha presionado para que el Senado apruebe la Enmienda por la Igualdad de Derechos.

REDES sociales

La cantidad de tiempo que la gente emplea en las redes sociales está creciendo permanentemente en todo el mundo. Las redes sociales conectan a las personas, proporcionan voz a los grupos menos poderosos de la sociedad y pueden constituir una herramienta para el activismo. Sin embargo, las mujeres jóvenes se están encontrando en estas plataformas con una presión enorme, porque buena parte de lo que ven en internet establece unos modelos imposibles de cumplir sobre cómo deberían ser su apariencia o su vida.

Ver también: 66-67, 118-119

Las redes sociales y la realidad

Las redes sociales se han convertido en una parte esencial de nuestras vidas. Según una investigación llevada a cabo en 2017 por el Instituto de Política Educativa del Reino Unido (EPI), más de un tercio de las y los adolescentes británicos de quince años pasan como mínimo seis horas al día conectados a internet. Las plataformas de redes sociales como Twitter, Facebook e Instagram son espacios en los que las y los usuarios comparten sus experiencias a través de dichas aplicaciones. Esta práctica puede constituir una experiencia positiva y permite a las personas conectarse con otras con las que comparten intereses. Sin embargo, la investigación realizada por el EPI demuestra, a su vez, una correlación entre las horas empleadas en las redes sociales y ciertos efectos negativos en el bienestar. En las redes sociales, la valía de una persona se mide por el número de seguidores que tiene o la cantidad de «me gusta» que recibe una entrada, lo que puede provocar cierta ansiedad o baja autoestima. La feminista inglesa Laura Bates, en su libro *Girl Up* (2016), rebautizó las plataformas de redes sociales como «Fitter» ('más en forma'), «Fakebook» ('libro falso') y «Instaglam» para recordarnos que mucho de lo que ocurre en internet no refleja la realidad.

Activismo a golpe de clic

Muchas personas también utilizan las redes sociales para el activismo. Conecta a la gente, construye comunidad y proporciona un espacio en el que las personas marginadas pueden ser ellas mismas. Con las redes sociales se ha facilitado la amplificación de los mensajes, ya que los espacios virtuales son fácilmente accesibles y todo el mundo se siente con el mismo derecho a opinar, a diferencia de lo que sucede en otro tipo de medios. Las redes sociales también han dado lugar a una nueva generación de «activistas del clic», que utilizan dichos medios como arma para luchar por la igualdad. Un ejemplo temprano de esto sucedió en 2012, cuando la alumna de un colegio de Maine (EE. UU.), Julia Bluhm, realizó un llamamiento a firmar una petición en Change.org que finalmente convenció a la revista *Seventeen* de que dejara de retocar las imágenes de sus modelos. Ahora mismo

TRUCOS EN INSTAGRAM

Instagram está repleto de imágenes de deportistas con cuerpos perfectos, pero las fotografías pueden ser engañosas. La bloguera finesa Sara Puhto publicó unas fotografías para demostrar cómo los diferentes ángulos y la iluminación podían alterar considerablemente lo tonificado y en forma que parecía su cuerpo. De igual modo, la diseñadora australiana de bikinis Karina Irby publicó fotografías en las que mostraba la diferencia entre imágenes originales e imágenes retocadas.

> **«Las redes sociales son como una espada de doble filo».**
>
> **Roxane Gay (2013)**

muchas mujeres utilizan el activismo del *hashtag* para realizar campañas de sensibilización, conseguir apoyos y forzar a empresas y gobiernos a cambiar el modo en que tratan a las mujeres. En India, una campaña virtual lanzada en 2013 contribuyó a persuadir al Gobierno indio para que introdujese leyes más estrictas frente a las violaciones. En 2017, las mujeres de Afganistán hicieron uso de las redes sociales para desprestigiar a un alto oficial del ejército que exigía favores sexuales a sus compañeras, a partir de lo cual fue expulsado del ejército.

Ciberacoso

Desgraciadamente, algunas de las mujeres que han comenzado campañas virtuales han sufrido represalias. Los trols de internet buscan silenciar a las mujeres a través del uso de un lenguaje intimidatorio. Un ejemplo podría ser el de la periodista francesa Anaïs Condomines, que recibió amenazas de muerte y violación tras escribir un reportaje sobre un foro antifeminista de videojuegos. Sin embargo, los trols no siempre se salen con la suya. Criola, un grupo defensor de los derechos humanos compuesto íntegramente por mujeres, lanzó la campaña «Racismo virtual, consecuencia real» en 2015, a raíz de que la meteoróloga afrobrasileña Maria Júlia Coutinho sufriera ciberacoso. Como resultado, la mayoría de los acosadores eliminaron sus cuentas en las redes sociales.

LAS IMÁGENES PUEDEN NO REFLEJAR LA REALIDAD

Volverse INVISIBLE

En las sociedades occidentales se presta mucha atención al aspecto de la mujer. Los cánones de belleza que inundan los anuncios, las revistas y las pantallas de los cines y las televisiones se corresponden generalmente con cuerpos delgados, blancos, sin discapacidad y, sobre todo, jóvenes. Las feministas muestran su preocupación por el modo en que los estereotipos negativos y la infrarrepresentación menosprecian a las mujeres mayores en los medios de comunicación, perpetuando así las desigualdades.

Ver también: 118-119, 128-129

¿Es la edad tan solo un número?

El envejecimiento no solo implica cambios físicos, sino que también supone un cambio en el modo en que la sociedad percibe a las personas. En muchos países, ambos sexos padecen la discriminación por edad, pero son las mujeres las que se ven sujetas en mayor medida a los juicios negativos. En su trabajo *Can't have it all* (2012), la experta en comunicación Dafna Lemish y la psicóloga Varda Muhlbauer explican cómo las mujeres mayores se convierten en invisibles o reciben calificativos como «madre controladora», «inculta pero buena ama de casa» o «vieja bruja». Las autoras sostienen que tras la menopausia, cuando las mujeres dejan de ser fértiles (una de los atributos de la feminidad), pierden su valor social primordial. Asimismo, se da por hecho que también han perdido su sexualidad, en un intento por arrebatarles aún más su identidad femenina. Por el contrario, el hombre mantiene su valor social según se hace mayor, independientemente de su salud o forma física, ya que se le presupone conocimiento y experiencia vital acumulada.

¿DESAPARECEN LAS MUJERES DEL IMAGINARIO COLECTIVO

«Me niego a permitir que un sistema, una cultura... me diga que no importo».

Oprah Winfrey, presentadora de televisión (2014, 60 años)

La desaparición de las pantallas

Uno de los sectores en los que la infrarrepresentación de las mujeres se hace más obvia es el de la cultura popular. De acuerdo con las conclusiones de los estudios de Lemish y Muhlbauer, cuando las mujeres se hacen mayores, desaparecen de las pantallas. En comparación con los hombres mayores, las mujeres aparecen como en un tercio de los papeles, en tanto que los personajes de mujeres fuertes son casi inexistentes. En las películas románticas, las mujeres mayores no se suelen representar como deseables, mientras que los personajes masculinos a menudo tienen romances con mujeres más jóvenes. Así, a la actriz Maggie Gyllenhaal se la consideró demasiado mayor, con 37 años, para despertar el interés amoroso de un hombre de 55 años. La académica británica Deborah Jermyn señala en sus trabajos que incluso cuando directoras como Nancy Meyers incluyen a mujeres mayores en papeles protagonistas, la crítica tiende a subestimar sus películas con el argumento de que están dirigidas al público femenino de más edad. En la medida en que la ficción puede considerarse un espejo de la vida real, estas representaciones tienen un impacto en la manera en que las mujeres viven el envejecimiento y pueden socavar su autoestima y la percepción de su propio atractivo, o incluso, en última instancia, sugerir que la vida no compensa a partir de cierta edad.

DISCRIMINACIÓN POR EDAD

En 2011, la presentadora de la televisión irlandesa Miriam O'Reilly ganó un caso histórico de discriminación por edad contra la BBC. El tribunal declaró a la compañía culpable de discriminación por edad tras descartarla para su programa a la edad de 53 años. El tribunal rechazó su demanda adicional de sexismo y O'Reilly decidió no recurrir el caso.

A MEDIDA QUE DEJAN ATRÁS SU JUVENTUD?

Envejecimiento positivo

Las feministas defienden que envejecer puede convertirse en un modo de resistencia, en la medida en que las mujeres rechacen volverse invisibles. Las mujeres maduras, portadoras de una valiosa experiencia vital, pueden convertirse en interesantes modelos de comportamiento para las más jóvenes. Un grupo de mujeres de más de 60 años ha aprovechado Instagram para mostrar a través de su ropa y su estilo de vida que todavía son, en palabras de la catedrática de 64 años Lyn Slater, «increíblemente *cool*». Imágenes como estas, de un envejecimiento que no cumple con los estereotipos negativos que muestran los medios de comunicación, sirven para promover un cambio en la percepción pública. Tal y como sugiere la socióloga Laura C. Hurd en *We're not Old*, «ser mayor no significa necesariamente estar senil, cansada, enferma y débil».

¿Es siempre mala la PORNOGRAFÍA?

No existe otro tema que divida tanto a las feministas como la pornografía. Algunas la han criticado por su representación poco realista de las relaciones íntimas, que puede promover entre la juventud ideas inexactas sobre el sexo, mientras que otras sugieren que su consumo puede ser saludable.

El porno en la era digital

Pornografía es cualquier imagen o vídeo de sexo explícito diseñado para excitar o estimular a la persona que lo ve. Puede oscilar entre el «porno blando», que muestra cuerpos parcialmente desnudos, y el «porno duro», que presenta actos más extremos. En la era de internet, la pornografía es más fácil de encontrar, a veces gratis, pero también se puede llegar a ella accidentalmente.

LA APARICIÓN DE INTERNET HA FACILITADO EL ACCESO A LA PORNOGRAFÍA

Ver también: 88-89, 138-139

Antiporno

Buena parte de la pornografía está dirigida a un público masculino y refleja a hombres que dominan a mujeres. Como resultado, algunas feministas, entre ellas la abogada Catherine MacKinnon, sostienen que la pornografía oprime a las mujeres y promueve ideas poco realistas sobre el sexo: que las mujeres disfrutan con la violencia y no tienen poder alguno durante el sexo, y que los hombres pueden hacer lo que quieran con ellas. En 2010, la psicóloga Ana Bridges y su equipo descubrieron que el 82% de una selección de 304 escenas pornográficas conocidas mostraban como mínimo un acto de agresión física. También comprobaron que el objeto de dichas agresiones (en general la mujer) «a menudo mostraba placer o respondía de manera neutral a la agresión». En 2015, la UNESCO concluyó que los hombres, después de consumir porno, sienten menos empatía y un mayor nivel de agresividad hacia las mujeres.

La activista antiporno Andrea Dworkin, en su polémico libro *Pornography: Men Possessing Women* (1981), defendía que la pornografía celebraba la violación y el daño a la mujer. Sus ideas encendieron un debate entre feministas en el que algunas argumentaban que las actrices porno lo hacen porque quieren.

Feministas del positivismo sexual

En las décadas de 1990 y 2000, algunas feministas comenzaron a repensarse la crítica a la pornografía. Muchas no se mostraban contrarias a esta como tal, sino a su representación irreal del sexo, que sobre todo estaba destinada a un público masculino. Por ello, plantearon que no había nada malo en la pornografía mientras se mirase el sexo de manera sana y se hiciera teniendo en cuenta también los intereses de las mujeres. Las académicas británicas Clarissa Smith y Feona Attwood comprobaron que tanto hombres como mujeres utilizan el porno para explorar su sexualidad y explicaban que no hay nada vergonzoso en ello. Si una mujer disfruta viendo pornografía y los actores que intervienen reciben un salario justo y un trato igualitario, puede que no haya perjuicio alguno en ello.

Porno y juventud

Algunas feministas se muestran preocupadas por que el porno se convierta en un modelo sexual a seguir y esto les lleve a desarrollar expectativas irreales en torno al sexo y las relaciones. Sin embargo, otras se preguntan si el consumo de porno siempre es negativo. La académica británica Meg-John Barker y el educador sexual Justin Hancock sostienen que se han exagerado los efectos nocivos del porno. Según ellos, el efecto del porno sobre la juventud es más complejo de lo que han sugerido los argumentos antiporno, ya que quienes lo consumen son capaces de someterlo a crítica con sus ideas previas sobre el sexo y las relaciones. Lo importante es ofrecer a la juventud una educación más exhaustiva e inclusiva en torno al sexo y las relaciones, pues la educación sexual actual es «escasa, tardía y demasiado biológica». Si se enseña a la juventud un abanico más amplio de temas relacionados con el sexo, estará mejor preparada para las relaciones, tanto si ve porno como si no.

SALUD PÚBLICA

Algunos colegios de Dinamarca han introducido el debate sobre la pornografía en el currículo de educación sexual, de manera que el profesorado pueda explicar en clase cómo son en realidad las relaciones íntimas y, así, cuestionar las que muestra la pornografía. El sexólogo danés Christian Grauggard sostiene que esto debería ampliarse a todo el país, para que toda la juventud pudiera recibir una educación realista en torno al sexo.

«El 74% de los jóvenes entre 11 y 18 años cree que el porno debería tratarse en la educación sexual».

NSPCC, encuesta en Reino Unido (2013)

Alice Schwarzer

Nacida en 1942

La periodista y editora Alice Schwarzer, la feminista más famosa de Alemania, tuvo gran influencia entre los movimientos de mujeres de las décadas de 1970 y 1980 en campañas a favor de la legalización del aborto y contra la violencia sexual. Se convirtió en una experta en el uso de los medios de comunicación para difundir sus mensajes, a menudo controvertidos. Lanzó *EMMA*, la revista feminista más longeva de Europa. Ha escrito más de 20 libros.

«¡No busques el amor a cualquier precio! ¡No rehúyas el conflicto!»

Una voz para la mujer

Nacida durante la Segunda Guerra Mundial, Alice Schwarzer se crió con sus abuelos. Su abuela era activista política, mientras que su abuelo se encargaba de las tareas de la casa. Tras estudiar periodismo e implicarse en el movimiento feminista francés, trasladó la lucha por la igualdad a Alemania, una sociedad en la que los hombres tenían el derecho legal a prohibir a sus esposas realizar un trabajo asalariado. En 1975, Schwarzer escribió *La pequeña diferencia y sus grandes consecuencias,* donde analiza el amor y el sexo como juegos de poder. Plantea cómo muchas mujeres se culpan a sí mismas por conflictos que han tenido con sus parejas, cuando en realidad han sido provocados por el intento masculino de controlarlas.

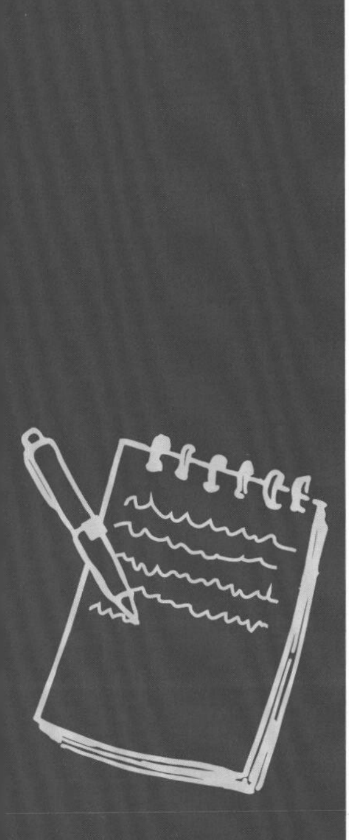

Puntos de vista controvertidos

En 1971, Schwarzer inició una campaña en favor de la legalización del aborto en Alemania. En los años ochenta, su lucha se orientó contra la pornografía. Ha criticado lo que considera la opresión de las mujeres musulmanas desde planteamientos que, según algunos, alimentan la islamofobia.

Icono de los medios alemanes

Desde el periódico alemán *Das Bild,* Schwarzer ha logrado llegar al gran público con sus artículos sobre los derechos de la mujer. Lanzó la revista feminista *EMMA* en 1977 y fundó una editorial feminista.

Titulares
A diferencia de la mayoría de las revistas de mujeres, *EMMA* no es glamurosa; solo aborda cuestiones políticas y feministas. SIgue siendo la única revista política europea realizada por y para mujeres.

Una periodista que no pasa desapercibida
Alice Schwarzer ha escrito numerosos artículos fuertemente polémicos sobre temas como la pornografía, el aborto, la prostitución o si el hiyab debe prohibirse en Alemania.

Feminismo y trabajo SEXUAL

El trabajo sexual es un tema que ha dividido profundamente a las feministas. Algunas sostienen que las mujeres deberían ser libres de elegir su trabajo, sea cual sea, y otras defienden que el trabajo sexual explota a las mujeres.

Mujeres trabajadoras

La expresión «trabajo sexual» se utiliza a menudo para referirse a la prostitución, pero también puede abarcar otras actividades como el sexo telefónico, el *striptease* o la danza erótica. La mayor parte del trabajo sexual lo realizan mujeres, si bien también hay hombres, cuyos clientes suelen ser hombres. Los argumentos feministas habitualmente se centran en el hecho de que sean los hombres los que paguen a las mujeres a cambio de sexo. Esta actividad se ha criminalizado de diferentes maneras a lo largo de los siglos. Como resultado, las trabajadoras sexuales encuentran difícil denunciar abusos sexuales y violaciones, ya que puede que se las trate como delincuentes o se les diga que dicho trato forma parte de su trabajo.

¿Es explotación el trabajo sexual?

Muchas feministas creen que el trabajo sexual explota a las mujeres. La abogada y activista Catharine MacKinnon defiende que el comercio de sexo es una forma de objetualización, ya que concibe el cuerpo de la mujer como mercancía sexual. Mackinnon explica que a menudo el trabajo sexual se impone a mujeres en situación de vulnerabilidad, sin ninguna alternativa, y ha mostrado su preocupación por la violencia que sufren en su trabajo.

En tanto que algunas feministas se declaran a favor de la prohibición de la prostitución, otras sostienen que ilegalizarlo forzaría a las mujeres a trabajar clandestinamente en la calle, donde están más expuestas a sufrir abusos y a engancharse a las drogas y al alcohol. Estas últimas defienden que, en lugar de castigar a las mujeres, la sociedad debería concentrarse en los hombres que pagan a cambio de sexo. Países como Suecia han incorporado dicho enfoque y han ilegalizado la compra de sexo, pero no su venta. Sin embargo, en otros países, como Alemania, Ecuador y Austria, el trabajo sexual se ha legalizado. La diversidad de enfoques de los gobiernos a la hora de abordar este asunto muestra lo controvertido del mismo.

LEGALIZACIÓN

El trabajo sexual fue legalizado en Alemania en 2002 con la intención de garantizar a las trabajadoras derechos, contratos, bajas por enfermedad y reducir el estigma que las acompaña. Sin embargo, desde entonces, tan solo el 1% de las trabajadoras ha firmado contratos legales y se cree que la trata ha aumentado. En 2017 se aprobó una nueva ley para mejorar la anterior, pero se encontró con la oposición de algunas trabajadoras sexuales.

Una decisión personal de cada mujer

Muchas feministas se muestran a favor de la legalización del trabajo sexual, con el fin de garantizar una mayor seguridad de las personas involucradas. Entre ellas se encuentra la teórica estadounidense Gayle Rubin, que ha sugerido que el trabajo sexual debería considerarse como una opción positiva y empoderadora para algunas mujeres, más que como un acto de desesperación. La activista estadounidense Carol Leigh defiende que las mujeres deberían poder utilizar su cuerpo como quieran. Estas feministas creen que la raíz de las críticas al trabajo sexual se encuentra en ideas sexistas obsoletas.

Un problema mundial

Algo en lo que las feministas sí se ponen de acuerdo es en la necesidad de ayudar a las muchas niñas y mujeres que son víctimas del comercio sexual mundial. La trata sexual se da en muchos países, y a menudo se traslada a las chicas más vulnerables de los países pobres a los ricos, donde se las obliga a convertirse en trabajadoras sexuales a cambio de techo y comida. La Organización Internacional del Trabajo estima que 4,8 millones de personas viven en situación de explotación sexual forzada.

«Las trabajadoras sexuales son uno de los grupos más marginados del mundo».

Salil Shetty, Secretaria General de Amnistía Internacional (2015)

EL INTERCAMBIO DE DINERO POR SEXO ES ILEGAL EN MUCHOS PAÍSES

Mujeres del mundo, ¡UNÍOS!

Desde el comienzo mismo del movimiento feminista, las mujeres se han reunido en manifestaciones no violentas para reclamar su liberación y un mundo más pacífico.

Un paso adelante por la paz

Siempre ha habido puntos de encuentro entre el feminismo y las campañas contra el militarismo, la guerra y la violencia. En 1915, la pacifista Jane Addams y otras feministas estadounidenses partieron de las bases creadas por el activismo sufragista para formar el Woman's Peace Party y movilizarse en contra de la implicación de Estados Unidos en la Primera Guerra Mundial. Planificaron iniciativas antibélicas, como el Congreso de Mujeres por la Paz, celebrado en La Haya en 1915, donde se reunieron 1.200 mujeres procedentes de 12 países para debatir cómo acabar con la guerra. Addams ganó el Premio Nobel de la Paz en 1931. Las mujeres estadounidenses también desempeñaron un papel importante en el movimiento contra la guerra de Vietnam. En 1968, miles de personas marcharon a Washington D.C. encabezadas por la Women's Strike for Peace (WSP), una asociación de mujeres creada por las activistas Bella Abzug y Dagmar Wilson, para exigir que sus voces fueran escuchadas. Un grupo más radical, llamado New York Radical Women, representó un «entierro de la feminidad tradicional», rechazando el papel pasivo de «viudas desconsoladas»

y reivindicando un mayor reconocimiento público. En 1961, las WSP encabezaron a 50.000 amas de casa en una marcha contra las pruebas nucleares. En el Reino Unido, el Greenham Common Women's Peace Camp organizó en la década de 1980 protestas exclusivamente de mujeres contra las armas nucleares. Acamparon en una base militar para oponerse a la instalación de misiles de crucero estadounidenses, encadenándose a la valla en señal de protesta. Muchas eran madres que dejaron a su familia en casa para luchar por las generaciones futuras.

«Sin comunidad, no hay liberación».

Audre Lorde, *Sister Outsider* (1984)

MADRES DE LA PLAZA DE MAYO

El 30 de abril de 1977, catorce madres se reunieron en la plaza de Mayo, en Buenos Aires, para desafiar a la dictadura, que había secuestrado a sus hijas e hijos. Fue la primera marcha organizada por las madres de los 22.000 «desaparecidos» en Argentina. Cuatro décadas y más de 2.000 marchas después, las madres mantienen sus movilizaciones.

Toma de posición

También en el siglo XXI mujeres de todo el mundo se han unido para liberarse de la violencia. En Estados Unidos, tres mujeres negras radicales, Alicia Garza, Opal Tometi y Patrisse Cullors, formaron #BlackLivesMatter en 2013. Se trató de un llamamiento a la acción después de que un paramilitar blanco, acusado de matar a un estudiante universitario negro, fuera absuelto. Este movimiento político afroamericano se centra en la denuncia de la violencia y el racismo institucionales contra la población negra. En enero de 2017, millones de mujeres de todo el mundo se unieron a la Marcha de las Mujeres por la igualdad. Grupos como estos muestran la fuerza y la diversidad de las mujeres en su trabajo por un mundo mejor para todos y todas.

En 2018 más de 1 millón de personas participaron en la segunda Marcha de las Mujeres en EE. UU.

Ver también: 144-145

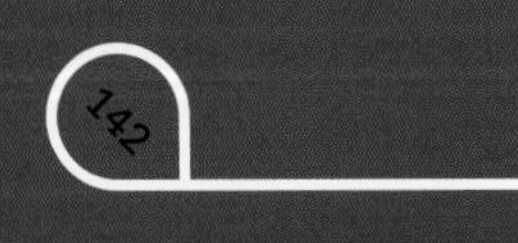

Rigoberta Menchú

Nacida en 1959

Resulta difícil imaginar una infancia más desoladora que la que sufrió Rigoberta Menchú Tum en Guatemala, pues varios miembros de su familia fueron torturados y asesinados por el Gobierno. El horror de estas experiencias personales la llevaron a convertirse en una de las activistas más conocidas en la lucha por los derechos de las poblaciones indígenas. Lleva toda la vida trabajando por la paz y la igualdad en todo el mundo, animando y apoyando a otras mujeres para que hagan lo mismo.

«Soy como una gota de agua sobre una roca. Después de gotear, gotear y gotear en el mismo lugar, ya empiezo a dejar marca...».

Una juventud activista

Durante la larga guerra civil guatemalteca (1960-1996), las poblaciones indígenas se convirtieron en objetivo de las élites que gobernaban el país por la fuerza. Rigobera Menchú Tum pertenece al grupo étnico maya quiché y fue testigo directo de toda esta violencia. Tanto sus padres como dos de sus hermanos murieron asesinados por el régimen debido a su activismo.

Campaña desde el exilio

En 1981 huyó a México y allí se unió a grupos internacionales que estaban presionando al Gobierno guatemalteco para que pusiera fin a la guerra. También ayudó a fundar un grupo de oposición política. En 1983 captó la atención internacional gracias a un libro con sus memorias titulado *Yo, Rigoberta Menchú,* donde describe todas las violaciones de los derechos humanos cometidas en su país, especialmente contra las mujeres. Una vez terminada la guerra civil, Menchú luchó con éxito por llevar a los líderes militares ante la justicia por dichas violaciones.

Premio Nobel de la Paz

En 1992, Menchú recibió el Premio Nobel de la Paz. En 2006 creó la Iniciativa de Mujeres Premio Nobel, junto con las también premiadas Betty Williams, Mairead Maguire, Jody Williams, Shirin Ebadi y Wangari Maathai. Leymah Gbowee y Tawakkol Karman se unieron más tarde a esta iniciativa, que pretende ayudar a mujeres de todo el mundo a mejorar su vida.

Mujeres Premio Nobel
A través de la Iniciativa de Mujeres Premio Nobel, Menchú ha apoyado a numerosos movimientos populares de todo el mundo. Aquí la vemos en 2017 durante unas protestas contra un proyecto minero en Guatemala, acompañada por la activista yemení, también Nobel, Tawakkol Karman.

Poder del voto
Rigoberta Menchú, vestida con el traje tradicional maya, votando en las elecciones guatemaltecas de 2011. Era candidata a presidenta, pero fue derrotada en la primera vuelta.

Un **FEMINISMO** global

¿Se enfrentan todas las mujeres del mundo a la misma realidad y los mismos desafíos? Todas podemos luchar por ser feministas, pero si aceptamos que la experiencia de cada mujer es diferente de la de todas las demás, ¿es posible encontrar una propuesta de aproximación al feminismo que incluya a todas? ¿Debemos repensar lo que significa la solidaridad?

Sororidad mundial

En las décadas de 1970 y 1980 un grupo de feministas occidentales, entre las que se encontraba la escritora y activista estadounidense Robin Morgan, imaginaron el ideal de una «sororidad mundial». Su objetivo era extender a todo el mundo los logros sociales conquistados, pero desde entonces se las ha criticado por ignorar la diversidad que existe en las vidas de las mujeres en todo el mundo. Otras feministas han explicado que su marca de feminismo se aplica fundamentalmente a mujeres blancas, de clase media y occidentales. En su libro *Pedagogies of Crossing* (2006), la académica feminista afrocaribeña Jacqui Alexander sostiene que, en tanto que muchas mujeres se despiertan en un hogar acogedor bien abastecido de comida, con la posibilidad de ir al colegio o al trabajo, otras se enfrentan a una realidad muy diferente. Muchas mujeres comienzan el día cansadas, hambrientas, con frío y asustadas. El feminismo debe tener en cuenta también a estas mujeres.

La académica feminista Chandra Talpade Mohanty, originaria de la India, también alega que el feminismo del norte (en general, los países más ricos) a veces se presenta como «salvador» para las mujeres del sur. En su libro *Feminism without borders,* sugiere que muchas feministas occidentales todavía conservan una «mentalidad colonial», ya que tratan a las mujeres de los países pobres como una clase oprimida más, mientras que simultáneamente ignoran el historial colonizador de los países ricos. Mohanty también critica que las feministas occidentales midan el éxito en un sentido capitalista, con una especial atención a la igualdad económica entre mujeres y hombres. Para ella, un feminismo realmente mundial debería ir más allá de tratar de mejorar el lugar de la mujer dentro de las estructuras económicas y políticas occidentales.

MIL MILLONES EN PIE

Desde su lanzamiento el Día de San Valentín de 2012, la campaña One Billion Rising ha congregado a gente de todo el mundo todos los 14 de febrero para «levantarse frente a las injusticias que sufren las mujeres y exigir el final definitivo de la violencia contra ellas». La campaña debe su nombre a los mil millones de mujeres que, según las estadísticas, serán víctimas de malos tratos o violaciones a lo largo de su vida.

Un enfoque local

Muchos movimientos feministas mundiales abogan por un feminismo que examine no solo los asuntos que afectan a la vida de las mujeres a nivel mundial, sino también cómo afectan estos a las mujeres del lugar en el que viven. Por ejemplo, mientras que las feministas occidentales priorizan el acceso de las niñas a las materias CTIM, en las zonas rurales de India y Nepal el problema puede ser simplemente conseguir que las niñas vayan al colegio. Quizá no puedan ir porque tengan el periodo y en el centro no se den las condiciones adecuadas para atender dicha circunstancia, o porque exista un tabú en torno al tema. En zonas como estas, el objetivo global de educación igualitaria no puede tener éxito sin abordar las normativas locales y las actitudes culturales.

«La diversidad y la diferencia son valores cruciales que deben ser reconocidos y respetados».

Chandra Talpade Mohanty,
***Feminism without Borders* (2003)**

EXISTEN MUCHOS FACTORES QUE CONDICIONAN EL MODO EN QUE LAS MUJERES SUFREN LA DESIGUALDAD

Superar las fronteras

En la era de la globalización, las mujeres también tienen múltiples identidades. La feminista de origen latino Patricia Valoy explica que el feminismo occidental «no tiene en cuenta las formas en que se oprime a las mujeres de color por cuestiones de raza y clase». Valoy apuesta por un feminismo transnacional que pretenda «analizar las diferentes problemáticas atendiendo a la nacionalidad (raza y etnicidad), el sexo, el género y la clase».

Trabajo conjunto

En definitiva, lo que Valoy y Mohanty sugieren es que la solidaridad no será una realidad si consideramos a las mujeres como un grupo homogéneo. Feminismo sin fronteras no significa ignorar las fronteras o las diferencias entre mujeres del mundo, sino reconocer los desafíos que presentan y, a un tiempo, emplear estrategias localizadas para lograr cambios globales.

¿Puede un hombre ser **FEMINISTA?**

¡Por supuesto! Ser feminista significa creer en la igualdad entre los géneros. En palabras de la escritora estadounidense bell hooks, «el feminismo es un movimiento en contra del sexismo, la explotación sexista y la opresión». El feminismo es para todos, con independencia del sexo, la raza y la clase.

Ver también: 14-15, 114-115

La lucha por la igualdad

Las feministas siempre han contado con aliados masculinos. En 1817, el filósofo inglés Jeremy Bentham se manifestó a favor de la libertad política de las mujeres en su Plan de Reforma Parlamentaria. Más adelante expresó que no veía ninguna razón para que las mujeres no tuvieran derecho al sufragio. En sus escritos políticos también abogó por el uso del término genérico neutro «persona» en lugar de «hombre». Una generación más tarde, otro filósofo inglés, John Stuart Mill, defendió la igualdad de sexos junto con su esposa, Harriet Taylor Mill, cuyo ensayo radical *La emancipación de las mujeres* (1851) fue publicado con el nombre de él. Taylor Mill sostenía que las mujeres no deberían vivir en «ámbitos separados» de los hombres y que deberían poder acceder al trabajo fuera de casa.

Hay quien llama «profeministas» a los hombres que son aliados del feminismo.

«Diré que soy feminista hasta que me respondan con un gesto de indiferencia».

Justin Trudeau, Primer Ministro de Canadá (2016)

¡YO SOY FEMINISTA!

HOMBRES Y MUJERES UNIDOS POR

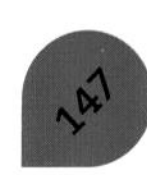

Aliados masculinos

Actualmente, la iniciativa #HeForShe lanzada por la organización ONU Mujeres anima a hombres y niños a implicarse en la campaña por la igualdad de género. En una entrevista concedida en 2016 a la revista *Glamour*, el expresidente de EE. UU. Barack Obama citó el lema de la organización Fawcett Society, «así es un feminista», y habló sobre las consecuencias positivas que tiene para todo el mundo la mejora de la vida de las niñas y las mujeres. Obama también apoyó el lanzamiento de la campaña It's On US, que promovía la idea de que todas las personas debemos asumir la responsabilidad de posicionarnos en contra de la violencia sexual.

LA CAMPAÑA DEL LAZO BLANCO

La Campaña del Lazo Blanco arrancó en Canadá en 1991 con el objetivo de acabar con la violencia masculina contra las mujeres. El punto de partida de la campaña es que los hombres y los niños deben trabajar de manera conjunta a la hora de «denunciar los comportamientos violentos y acosadores de sus iguales y difundir un mensaje de igualdad y respeto». La campaña se ha extendido ya a más de 60 países.

¿Feministas o aliados?

Algunas feministas, y algunos hombres, piensan que estos no deberían presentarse como feministas porque consideran que se trata de un movimiento por y para las mujeres, y que los hombres no tienen la posibilidad de renunciar a los privilegios de una sociedad patriarcal. Otras feministas piensan que, aunque muchos hombres pueden no sentirse cómodos dentro de la cultura del patriarcado en la que, como decía bell hooks, a los hombres «se les exige que dominen a las mujeres, que nos exploten y opriman», puede que les produzca miedo desembarazarse de los privilegios que esta les proporciona. Sin embargo, existen organizaciones como la neoyorquina A Call To Men que apuestan por la redefinición de la masculinidad como el único medio para crear un mundo mejor para niñas y mujeres. A Call to Men ofrece orientación a grupos de todo el país y de todos los ámbitos, con el objetivo de cambiar las actitudes sexistas hacia mujeres y niñas.

¡YO SOY FEMINISTA!

DE TODO EL MUNDO, LA IGUALDAD

Directorio de feministas

Jane Addams (1860-1935)

Dedicó su vida a los derechos de las mujeres. Abrió la primera casa de acogida de EE. UU., que proporcionaba apoyo, atención sanitaria y educación a mujeres sin recursos. Fue cofundadora de la Liga Internacional de Mujeres por la Paz y la Libertad, y en 1931 recibió el Premio Nobel de la Paz.

Chimamanda Ngozi Adichie (1977-) ver págs. 44-45

Jacqui Alexander (fecha de nacimiento desconocida-)

Residente en Trinidad y Tobago, Alexander combina en su trabajo académico el feminismo, la teoría *queer*, la raza y la espiritualidad. Activista lesbiana experta en feminismo transnacional, profundiza en cómo el capitalismo y la globalización afectan a las personas.

Maya Angelou (1928-2014)

Conocida por su autobiografía *Yo sé por qué canta el pájaro enjaulado* (1969), fue una importante escritora, poeta y activista por los derechos civiles en EE. UU. Tras una infancia traumática, desarrolló un fuerte amor por el lenguaje y su trabajo ha merecido numerosos premios. También ha sido cantante, compositora y directora de cine.

Mary Astell (1666-1731)

Una de las pioneras del feminismo en Inglaterra, Mary Astell fue filósofa y activista en favor de la educación para las mujeres. En su ensayo de 1694 *Serious Proposal for the Ladies* reivindicó una universidad solo para mujeres; en *Some Reflections Upon Marriage* criticó la desigualdad y el maltrato que sufrían las esposas y sugirió a las mujeres que se cuestionaran la idea del matrimonio.

Laura Bates (1986-)

Esta escritora feminista británica alentó a las mujeres a compartir sus historias y a enfrentarse al acoso y la violencia sexual en el Proyecto Sexismo Cotidiano, campaña que arrancó en 2012. Se trata de una colección de historias reales de mujeres que experimentan la desigualdad en su día a día. Trabaja con gobiernos, organizaciones, colegios y universidades para combatir la desigualdad de género.

Susan Bordo (1947-)

Esta mujer estadounidense escribe sobre filosofía feminista, con una especial atención al cuerpo de la mujer. Uno de sus libros más influyentes, *Unbearable Weight: Feminism, Western Culture, and the Body* (1993), analiza cuestiones relacionadas con el cuerpo femenino y conecta dichas imágenes culturales con la proliferación de desórdenes alimenticios y problemas de ansiedad.

Tarana Burke (1973-)

Una década antes de que la campaña #MeToo se extendiese por las redes sociales en 2017, Burke ya propuso la idea del lema «Me Too». Víctima de abusos sexuales, Burke fundó el movimiento Me Too en EE. UU. en 2007, que consistió en programas para colegios y grupos de jóvenes a los que se ofrecía la oportunidad de alzar la voz y compartir sus historias de abusos sexuales para superarlas.

Judith Butler (1956-) ver págs. 72-73

Clara Campoamor (1888-1972)

Tras la muerte de su padre, abandonó sus estudios para trabajar y poder apoyar a su familia. Consiguió un empleo en un periódico y tomó conciencia de la desigualdad de género en España. Estudió Derecho y en 1924 fue la primera abogada que intervino ante el Tribunal Supremo. Después de luchar por la representación femenina en el Gobierno, en 1931 se convirtió en diputada y no cejó hasta que la Constitución española aprobó el sufragio femenino.

Hélène Cixous (1937-)

Filósofa, poeta y dramaturga feminista francesa, ha publicado más de 70 obras en las que explora la relación entre el lenguaje y la identidad sexual. Según ella, el lenguaje se puede utilizar para conseguir el cambio social y cambiar la percepción que se tiene de las mujeres. En su ensayo de 1975 *La risa de la medusa*, abrió el camino hacia un nuevo estilo de escritura llamado *écriture féminine*, que pretende utilizar el lenguaje desde una perspectiva femenina.

Laverne Cox (1972-)

La actriz trans estadounidense Laverne Cox fue víctima de acoso porque no se sentía ni actuaba como se espera de un chico. Tras su transición a mujer, Cox desarrolló una importante carrera como actriz, productora y portavoz de los derechos de los homosexuales, lesbianas y transgénero. Por su papel en *Orange is the New Black*, se convirtió en la primera persona abiertamente transgénero en ser nominada a un Emmy.

Kimberlé Williams Crenshaw (1959-)

Analista de cuestiones de raza y género, esta profesora de derecho estadounidense acuñó el término «interseccionalidad» para describir cómo las mujeres negras sufren violencia y discriminación por razones de género y raza.

Caroline Criado-Perez (1984-)

Fue nombrada Oficial de la Orden del Imperio Británico por su contribución a la sensibilización sobre la desigualdad de género en el mercado laboral británico. Bajo el nombre de «The Women's Room», lanzó una página web y una campaña en redes sociales para evidenciar la infrarrepresentación de mujeres expertas en los medios de comunicación.

Simone de Beauvoir (1908-1986) ver págs. 54–55

Olympe de Gouges (1748-1793)

Olympe de Gouges se trasladó a París al morir su marido y dedicó una década a empaparse de la vida política e intelectual de la sociedad parisina. Escribió novelas, obras de teatro y panfletos políticos en los que criticaba el movimiento revolucionario y su principio de igualdad, que dejaba fuera a las mujeres. Su trabajo *Declaración de los derechos de la mujer y la ciudadana* se publicó en 1791 y dos años más tarde fue ejecutada por sus escritos políticos. Para muchas, De Gouges es la fundadora del feminismo moderno.

Marie Le Jars de Gournay (1565-1645)

En una época en que las mujeres de clase media solo aspiraban al matrimonio, la francesa Marie Le Jars de Gournay se instruyó a sí misma tras la muerte de su padre. Escribió una carta al renombrado filósofo Michel de Montaigne, que se convirtió en su mentor. Consiguió ser escritora y publicar sus trabajos en defensa de la igualdad de derechos y la educación para las mujeres.

Christine de Pizan (1364-c. 1430)

Poeta y autora de historias sobre mujeres inteligentes y heroicas, creció en la corte real francesa. Escribió para mantenerse a sí misma y a su familia tras la muerte de su marido. Su poesía fue muy popular y tuvo entre sus mecenas a la reina Isabel de Baviera. De entre sus trabajos destacan dos volúmenes sobre el papel de la mujer en la sociedad medieval y un homenaje a Juana de Arco.

Christine Delphy (1941-)

Fue cofundadora del Movimiento de Liberación de las Mujeres en Francia en 1970. Junto con Simone de Beauvoir, impulsó la revista *Nouvelles Questions Féministes* en 1981. Sus ideas se basan en que las personas nacen mujeres u hombres pero aprenden a encajar en las ideas sociales de comportamiento femeninas y masculinas. También se pronunció en contra de la ley francesa de 2004 que prohibía a las mujeres musulmanas llevar velo en la escuela.

Rokhaya Diallo (1978-)

Esta feminista y activista antirracista es analista en la radio y la televisión francesas. En 2004 generó controversia al criticar la ley que impedía a las alumnas musulmanas llevar velo en el colegio. Ha escrito libros sobre racismo y participa en Mix-Cité, un movimiento parisino que lucha por la igualdad entre sexos.

Eve Ensler (1953-)

Dramaturga feminista, es famosa por su obra *Los monólogos de la vagina* (1996), que indaga en las experiencias sexuales de las mujeres y aborda asuntos como la violación y el trabajo sexual. En 1998, instauró el Día V el 14 de febrero, un día anual en que se recaudan fondos de la representación de *Los Monólogos de la Vagina* para ONG que trabajan para poner fin a la violencia contra las mujeres.

Susan Faludi (1959-)

Periodista de investigación, generó una importante polémica con la publicación de su libro *Reacción: la guerra no declarada contra la mujer moderna* (1991), en el que afirmaba que la cultura y la política estadounidenses se habían dedicado a desautorizar el feminismo. En dicho ensayo defendía que las mujeres no gozaban de igualdad en el mercado laboral a pesar de la fantasía generada en la década de 1980 que hizo creer que las mujeres podían «tenerlo todo».

Millicent Fawcett (1847-1929)

Fue una de las líderes del movimiento sufragista británico. Dio conferencias, escribió informes y aconsejó al Gobierno y a las instituciones, especialmente en lo que se refiere a las oportunidades educativas para la mujer. En 1928 asistió al Parlamento el día en que las mujeres obtuvieron el derecho al voto.

Betty Friedan (1921-2006)

Una de las escritoras y activistas estadounidenses más influyentes de mediados del siglo XX, alentó a las mujeres a replantearse los roles tradicionales de esposa y madre, y a centrarse en sus metas personales. Esta fue la idea fundamental de su libro *La mística de la feminidad* (1963), que se convirtió en la inspiración de muchas feministas. Fue cofundadora de la Organización Nacional de Mujeres, que daba asistencia legal en casos de discriminación sexual y representaba a las mujeres en las comisiones gubernamentales.

Roxane Gay (1974-)

Escritora, editora y académica, su colección de ensayos *Mala feminista* (2014) se convirtió rápidamente en un éxito de ventas y la crítica alabó sus ideas sobre cómo ser mujer y feminista hoy en día. En 2016, ella y la poeta Yona Harvey se convirtieron en las primeras mujeres negras en escribir una serie para Marvel Comics: *Black Panther: World of Wakanda*, en la que dos amantes negras son reclutadas como agentes de seguridad de élite. La obra ganó el Premio Eisner de 2018 a la Mejor Serie Limitada.

Germaine Greer (1939-)

La australiana Greer fue un referente fundamental de la segunda ola del feminismo. En su polémico libro *La mujer eunuco* (1970), afirmaba que a las mujeres se las educa para sentirse impotentes y poder cumplir las fantasías masculinas. Sugería que las mujeres no se dan cuenta de hasta qué punto los hombres las odian y que la sociedad impedía a las mujeres expresar su sexualidad. No luchaba por la igualdad con los hombres sino por que las mujeres pudieran definirse a sí mismas bajo sus propias normas.

Angelina Grimké (1805-1879)

Junto con su hermana Sarah, se crió en un hogar con esclavos y esclavas. Se convirtieron en las primeras mujeres blancas del sur de EE. UU. que lucharon por la abolición de la esclavitud. Las hermanas también estuvieron entre las primeras mujeres que asistieron y participaron en convenciones abolicionistas y se posicionaron con firmeza en favor de los derechos de las mujeres a pronunciar discursos públicos y participar en política.

Heidi Hartmann (1945-)

Economista estadounidense, Hartman está comprometida con la consecución de la igualdad de las mujeres a través del incremento de su poder económico. Según ella, los bajos salarios que reciben aumentan su dependencia del hombre y la probabilidad de que necesiten casarse. Defiende la eliminación de la brecha salarial de género para mejorar la situación económica de la mujer. En 1987, fundó el Instituto para la Investigación de Políticas para las Mujeres para llevar a cabo estudios y asesorar a los gobiernos.

bell hooks (1952-) ver págs. 60-61

Frida Kahlo (1907-1954) ver págs. 86-87

Gerda Lerner (1920-2013)
Después de escapar a EE. UU. desde la Austria nazi en 1939, Lerner participó como activista en el Congreso de Mujeres Americanas y en la Organización Nacional de Mujeres. Pionera de los estudios de mujeres y de género, creó uno de los primeros programas universitarios sobre la materia, así como el primer doctorado en historia de la mujer en la Universidad de Wisconsin.

Audre Lorde (1934-1992) ver págs. 104-105

Catherine MacKinnon (1946-)
Feminista radical, abogada y académica, la estadounidense MacKinnon ha luchado por los cambios legales en EE. UU. para combatir el acoso sexual y controlar la pornografía. En su libro de 2006 *Are Women Human?*, la autora expresa su indignación por que la sociedad considere a las mujeres como subhumanas para propósitos sexuales y reproductivos, y cuestiona la posibilidad de que hombres y mujeres lleguen a ser iguales en una sociedad en la que la violación y la pornografía están reguladas por leyes que favorecen a los hombres. Sus afirmaciones han dividido al movimiento feminista y le han valido ciertas críticas.

Rigoberta Menchú (1959-) ver págs. 142-143

Harriet Taylor Mill (1807-1858)
Esta filósofa británica escribió sobre el derecho a votar de las mujeres y abogó por su participación plena en la vida política y social. Fue coautora de artículos sobre violencia doméstica, un asunto que apenas recibía atención en los medios de comunicación de la época. Su famoso ensayo *La emancipación de las mujeres* proponía que estas tuvieran las mismas oportunidades laborales que los hombres y que recibieran un trato igualitario en cualquier ámbito. Su marido, John Stuart Mill, compartió con Harriet el crédito de las ideas expuestas en sus libros más notables.

Kate Millett (1934-2017)
Su libro *Política sexual* (1970) la convirtió en una figura fundamental del feminismo. En él afirmaba que, dado que los hombres dirigen las instituciones, tienen poder sobre las mujeres y ellas lo permiten al aceptarlo. Escribió otros libros, como *The Prostitution Papers* (1971), donde reivindicaba la despenalización de la prostitución.

Chandra Talpade Mohanty (1955-)
Profesora india de la Universidad de Siracusa, Nueva York, ha desarrollado un enfoque transnacional del feminismo que considera que las feministas del norte del globo suelen ver a las mujeres del sur como víctimas estereotípicas que necesitan que las salven, y reclama una mayor colaboración entre las feministas de todos los países. Ha explicado sus ideas en los ensayos *Third World Women and the Politics of Feminism* (1991) y *Feminism Without Borders: Decolonizing Theory, Practicing Solidarity* (2003).

Robin Morgan (1941-)
Tras su carrera como estrella infantil de la televisión en EE. UU., abandonó la interpretación para concentrarse en la escritura. Se granjeó una reputación como feminista radical y contribuyó a la creación en EE. UU. del movimiento feminista moderno con su libro *Sisterhood is Powerful*. Fue colaboradora de la revista *Ms.*, y entre 1989 y 1994, ya como redactora jefe, la convirtió en una publicación exitosa que recibió numerosos premios. En 2005 cofundó el Centro de Medios de las Mujeres junto con Gloria Steinem y Jane Fonda.

Lucretia Mott (1793-1880)
Mott fue una firme luchadora contra la esclavitud, pero después de asistir a la Convención Mundial contra la Esclavitud en 1840 y negársele la participación por ser mujer, se volcó en los derechos de las mujeres. Junto con Elizabeth Cady Stanton, organizó la primera convención de los derechos de las mujeres en el estado de Nueva York en 1948.

Ann Oakley (1944-)
Los libros de esta socióloga británica constituyen un desafío a algunos de los presupuestos fundamentales sobre el papel de la mujer en nuestra sociedad. En *The sociology of housework* (1974), indagaba en las actitudes y enfoques de las mujeres hacia el trabajo doméstico. En *Becoming a Mother* (1988), denunciaba el control médico al que se sometía a las mujeres británicas al dar a luz.

Michelle Obama (1964-)
La estadounidense Michelle Obama ya ganaba el doble que su marido como abogada antes de exponerse a la atención pública como esposa del expresidente de EE. UU. Barack Obama. Apoyó iniciativas dirigidas al empoderamiento de las mujeres, como la campaña «Let girls learn», un llamamiento a la educación de los 62 millones de niñas del mundo que no tienen la oportunidad de asistir al colegio. Aprovechó su posición para llamar la atención sobre la desigualdad de género en África e instó a los líderes africanos a valorar la contribución de la mujer en sus naciones.

Emmeline Pankhurst (1858-1928) ver págs. 24-25

Alice Paul (1885-1977)
Su madre fue la responsable de su pronta familiarización con la lucha de las mujeres por el voto. Mientras asistía a la universidad en Inglaterra, se implicó en el movimiento de las sufragistas liderado por Pankhurst, y más adelante iniciaría una campaña por el sufragio femenino en EE. UU. para presionar al Gobierno. En gran parte como resultado de dicha presión, el Senado estadounidense aprobó el voto femenino en 1920. También fue líder del Partido Nacional de Mujeres durante cincuenta años, en los que peleó por la aprobación de la Enmienda de Igualdad de Derechos.

Adrienne Rich (1929-2012)
Consumada poeta y ensayista, la estadounidense Adrienne Rich escribió de manera apasionada sobre su identidad como mujer, lesbiana y judía. La poesía fue su herramienta para describir la experiencia de ser mujer en un mundo de hombres, que en su caso

incluía ser esposa y madre de tres hijas, antes de reconocerse como lesbiana en 1976.

Alice Schwarzer (1942-) ver págs. 136-137

Kate Sheppard (1847-1934)
Inspirada por los movimientos sufragistas del Reino Unido y EE. UU., Sheppard introdujo la batalla por el voto en Nueva Zelanda. En un principio pensó que, si las mujeres obtenían este derecho, podrían controlar la venta de licores, pues el alcoholismo se consideraba un problema social. Pronto se concentraría solo en la causa del sufragio femenino a través de la presentación de peticiones al Gobierno neozelandés en 1891, 1892 y 1893. Al año siguiente, Nueva Zelanda se convirtió en la primera nación en aprobar el voto femenino.

Dale Spender (1943-)
Autora de varios libros sobre cómo los hombres construyen la sociedad a su medida, la australiana Dale Spender publicó en 1980 el ensayo *Man Made Language*, en el que indagaba sobre el sesgo establecido en contra de las mujeres en la palabra hablada y escrita. En él afirmaba que, puesto que los hombres son más visibles en los puestos de liderazgo, sus opiniones se escuchan más que las de las mujeres. Spender comprobó cómo en contextos sociales mixtos los hombres hablaban más que las mujeres, a pesar de la creencia de que a las mujeres les gusta acaparar la conversación.

Elizabeth Cady Stanton (1815-1902)
Tras conocer a Lucretia Mott en la Convención Mundial contra la Esclavitud en 1840, se entregó a la lucha por los derechos de las mujeres, convirtiéndose en presidenta de la Asociación Nacional pro Sufragio de la Mujer entre 1892 y 1900. Junto con Mott, organizó la primera conferencia de derechos de las mujeres en EE. UU., en la que presentó uno de los textos feministas más importantes: la «Declaración de Sentimientos y Resoluciones» (1848). Escribió artículos y libros sobre los derechos de las mujeres, entre ellos *La biblia de la mujer* (1895), en el que desafiaba la visión religiosa tradicional según la cual la mujer debe estar subordinada al hombre.

Gloria Steinem (1934-) ver págs. 32-33

Sojourner Truth (c. 1797-1883) ver págs. 20-21

Patricia Valoy (fecha de nacimiento desconocida-)
Ingeniera, feminista y bloguera de éxito, Patricia Valoy utiliza su conocimiento para promover que las niñas elijan las disciplinas CTIM (ciencia, tecnología, ingeniería y matemáticas). En su blog *Womanisms* escribe sobre feminismo, sexismo en el trabajo e identidad cultural, principalmente en lo que se refiere a la comunidad latina, a la que pertenece.

Sylvia Walby (1954-)
La socióloga británica Sylvia Walby es conocida por su investigación sobre la violencia de género y la teoría feminista del patriarcado. Ha desarrollado teorías sociales que contribuyen a explicar la desigualdad de género y las aplica a su trabajo en organizaciones internacionales como la UNESCO, la ONU o la Red Internacional de Investigación de Género. Walby es autora de más de una docena de libros, entre ellos *The Future of Feminism* (2011).

Alice Walker (1944-)
Famosa por su novela *El color púrpura* (1982), Alice Walker se convirtió en la primera afroamericana en ganar el Premio Pulitzer de ficción. Ha escrito más de 27 libros, es una activista por los derechos de las mujeres negras y fue la primera en acuñar el término «mujerista» para referirse a las feministas negras o feministas de color. Con este término, Walker pretendía generar una agenda para la mujeres negras diferenciada de las cuestiones que afectan a las feministas blancas, protagonistas preponderantes del movimiento de las mujeres.

Monique Wittig (1935-2003)
Feminista pionera en la Francia de la década de 1970, Monique Wittig fue cofundadora del Mouvement de la Libération Féminine y del grupo feminista radical de lesbianas Gouines Rouges ('lesbianas rojas'). Según su teoría, la mujeres pueden liberarse de los roles de género impuestos por la sociedad; por ello, intentó romper con las definiciones que la sociedad establece para las personas. Como parte de su ideología, rechazaba la palabra «mujer» porque surgía por oposición a la palabra «hombre». Para ella, las «lesbianas» (entre las que se incluía) no podían, por tanto, ser clasificadas como «mujeres».

Naomi Wolf (1962-)
En su libro *El mito de la belleza* (1991), la periodista Naomi Wolf defendía que las mujeres están oprimidas por una obsesión nociva por la apariencia femenina. Wolf explicaba que las mujeres sufren la presión de ajustarse a un ideal de perfección y que, aunque tienen ahora más poder económico, legal y político que en décadas anteriores, se sienten peor con respecto a su físico. Gracias al éxito de su libro se convirtió en una de las portavoces de la tercera ola del feminismo.

Mary Wollstonecraft (1759-1797)
En su ensayo *Vindicación de los derechos de la mujer* (1792), Wollstonecraft planteó la cuestión de la igualdad de género en un momento en el que los debates filosóficos en Europa giraban en torno a los derechos del hombre. Tras una serie de trabajos ingratos, como el de institutriz, fue contratada por el editor londinense Joseph Johnson y se concentró en denunciar cómo a las mujeres inglesas se les negaba la educación y la independencia.

Iris Marion Young (1949-2006)
La filósofa estadounidense Iris Marion Young estudió cómo las mujeres aprenden a moverse y a utilizar su cuerpo de un modo determinado que resulta de su adaptación a la sociedad, y explicó que a las niñas se las educa en la idea de que son frágiles, lo que mina su autoestima y les impide alcanzar sus objetivos más adelante en la vida.

Malala Yousafzai (1997-) ver págs. 98-99

Glosario

Activismo
Acciones, como pueden ser las protestas, que persiguen el cambio social y político.

Asexual
Persona que no siente deseo sexual por otras o que no desea actividad sexual.

Binario
Dos términos o conceptos relacionados que tienen sentido opuesto. Se habla de «género binario» cuando se hace referencia al hombre y la mujer.

Bisexual
Persona que se siente atraída sexual y/o emocionalmente por mujeres y hombres.

Borrado bisexual
Suposición de que la bisexualidad es una fase o un estado confuso, y que la persona bisexual finalmente se identificará como homosexual o heterosexual.

Brecha salarial
Diferencia de salario entre personas por el mismo trabajo. A menudo se habla de la brecha salarial de género (los hombres cobran más que las mujeres) pero también puede estar condicionada por discriminaciones de raza o clase.

Butch
Lesbiana con estética masculina estereotípica.

Capitalismo
Sistema económico basado en la propiedad privada de los bienes y los medios de producción, en el que se prioriza el beneficio y la mano de obra recibe un salario por su trabajo.

Ciberacoso
Amenaza, intimidación o acoso de alguien en internet.

Cisgénero (cis)
Alguien cuya identidad sexual coincide con el sexo que se le asignó al nacer.

Clase media
Grupo social entre la élite y la clase trabajadora. Las personas de clase media suelen ocupar trabajos profesionales, llevan un estilo de vida relativamente acomodado y cuentan con niveles de riqueza intermedios.

Clase social
Cada uno de los grupos sociales en los que se incluye a las personas en función de factores como su riqueza o su estatus social.

Construcción social de género
Idea de que la sociedad y la cultura crean los roles de género que se prescriben como comportamientos apropiados o deseables para una persona de un determinado sexo.

Constructivismo
Idea según la cual las diferencias entre hombres y mujeres son resultado de la sociedad y la cultura, y no de la biología.

CTIM
Siglas que hacen referencia a las disciplinas de ciencia, tecnología, ingeniería y matemáticas que se enseñan en los colegios.

Culpabilización de la víctima
Cuando se responsabiliza de manera parcial o total a la víctima de un acto injusto o de un delito.

Cultura popular
Cultura consumida por el público mayoritario en una sociedad específica. Incluye ideas, música, libros y medios de comunicación de masas.

Desigualdad
Cuando las personas tienen menos derechos, oportunidades u opciones por razones como el sexo, raza o clase.

Disconformidad de género/ Varianza de género
Comportamiento o expresión de género que no concuerda con las normas de género masculinas o femeninas.

Dos espíritus
Identidad de género, originaria de las comunidades indígenas de Norteamérica, que se refiere a una persona cuyo cuerpo alberga un espíritu masculino y uno femenino.

Empoderamiento
Medidas para mejorar la vida de las personas oprimidas. También describe el sentimiento de fortaleza experimentado por las personas cuando acometen cambios positivos en su vida.

Esencialismo biológico
Teoría que defiende que todas las diferencias entre hombres y mujeres son naturales y no el producto de una cultura o una educación.

Estereotipo
Visión simplificada, exagerada o inexacta, aunque común, sobre cómo es un individuo o grupo.

Estructura social
Instituciones y relaciones sociales que configuran el entramado social.

Existencialismo
Enfoque filosófico centrado en la existencia humana y la búsqueda de un significado a la vida.

Feminismo radical
Creencia de que las mujeres solo se librarán de la opresión cuando se ponga fin al patriarcado y que este objetivo solo se alcanzará por medio del activismo colectivo de las mujeres.

Feminismo transnacional
Teoría feminista que analiza cómo la globalización y el capitalismo afectan a las personas de todos los géneros, sexualidades, naciones, razas y clases.

Femme
Lesbiana con estética femenina estereotípica.

Gay
Persona que se siente atraída por otras del mismo sexo; sinónimo de homosexual.

Género
Normas, comportamientos y expectativas construidas socialmente y asociadas con la masculinidad o la feminidad.

Globalización
Proceso a través del cual las sociedades de todo el mundo incrementan su interconexión a través del comercio, la industria, las comunicaciones y los intercambios culturales.

Heteronormatividad
Sistema que promueve la heterosexualidad como la única sexualidad «normal».

Heterosexual
Persona que se siente atraída por otras del sexo opuesto.

Homofobia
Miedo y prejuicios hacia las personas homosexuales.

Identidad
Conciencia de una persona sobre quién es y cómo la ven las demás en función de características tales como el género, la estética y la personalidad.

Identidad de género
Conciencia individual de una persona sobre su propio género, que puede corresponderse o no con el sexo asignado por nacimiento.

Igualdad
Hecho de recibir un trato justo personas o grupos en ámbitos como los derechos legales y políticos, el estatus social o el salario.

Individualismo
Perspectiva política y social que prioriza la libertad individual para pensar y actuar por el propio interés por encima de los de una comunidad o sociedad.

Interseccionalidad
Teoría que describe los modos en que las personas pueden sufrir múltiples opresiones y discriminaciones basadas en su raza, sexo, clase, edad o sexualidad.

Intersexual
Persona que nace con una mezcla de características sexuales masculinas y femeninas.

Lesbiana
Mujer que siente atracción por otras mujeres.

Lesbianismo político
La idea del lesbianismo como elección política parte de la creencia de que las mujeres deben eliminar toda conexión social y sexual con los hombres para combatir la opresión masculina, independientemente de si tienen relaciones sexuales con mujeres.

LGTB (LGTBQ/LGTBQ+)
Iniciales que responden a «lesbiana, gay, transgénero y bisexual». Recientemente el término se ha ampliado para incluir a personas intersexuales, asexuales y a aquellas

que no definen su sexualidad (LGTBQ+).

Marginales
Individuos o grupos de personas a los que se expulsa de la sociedad o se les trata como prescindibles.

Matriarcado
Sociedad dirigida por mujeres en la que la línea primordial de descendencia es la femenina.

Misandria
Odio y prejuicios hacia los hombres.

Misoginia
Odio y prejuicios hacia las mujeres.

Movimiento por los derechos civiles
Movimiento político que se desarrolló en EE. UU. en las décadas de 1950 y 1960, liderado por ciudadanos negros. Sus partidarios lucharon por la igualdad de oportunidades con la población blanca y el fin de la discriminación racial legal.

Movimiento de Liberación de las Mujeres
Parte importante de la segunda ola del feminismo que surgió de los movimientos feministas radicales de finales de la década de 1960, basada en el activismo colectivo.

Mujeres de color
Término político que engloba a mujeres de ascendencia africana, asiática, latina o indígena.

Mujerismo
Término acuñado por la escritora estadounidense Alice Walker en la década de 1980 para referirse a las experiencias de mujeres de color que la corriente dominante de la segunda ola del feminismo no atendió.

Neoliberalismo
Enfoque económico, social y político que otorga importancia al libre comercio, la competitividad y el individualismo.

Neopatriarcado
Sistema en el que la desigualdad social y el patriarcado trabajan de manera conjunta para oprimir a las mujeres.

No binario
Persona cuya identidad de género no se ajusta a las categorías de «masculino» o «femenino». Algunas personas tienen una identidad de género que combina atributos masculinos y femeninos, otras no se identifican con ninguna identidad de género y en otros casos dicha identidad va cambiando con el tiempo.

Norma
Regla o patrón social aceptado mayoritariamente.

Objetualización
En el contexto del feminismo, el término hace referencia al trato a las mujeres como objetos sexuales para el deseo masculino y no como individuos con pensamientos y derechos propios.

Opresión
Uso injusto del poder para mantener a individuos o grupos en posiciones subordinadas.

Patriarcado
Sistema social en el que los hombres tienen el poder y las mujeres no tienen acceso al mismo.

Primera ola del feminismo
Periodo del feminismo entre las décadas de 1880 y 1920. Se centraron fundamentalmente en la igualdad de derechos con los hombres: el voto, la igualdad dentro del matrimonio y el acceso a la educación.

Privilegio
Idea por la cual los miembros de un grupo disfrutan de ventajas sobre los miembros de otros grupos. Las mujeres blancas, por ejemplo, tienen privilegios sobre las mujeres de color, independientemente de otros aspectos de su vida como la clase o la educación. Según esta teoría, unas personas están más oprimidas que otras.

Producto Interior Bruto (PIB)
Valor monetario de todos los bienes y servicios producidos dentro de un país en un periodo de tiempo específico.

Queer
Término aglutinador, acuñado en torno a 1990, que se refiere a individuos o grupos que pertenecen a una minoría por su género o sexo.

Racismo
Discriminación o prejuicio contra personas por su etnia o color de piel.

Redes sociales
Páginas web y aplicaciones móviles que permiten a los usuarios la

posibilidad de comunicarse a través de la red, compartir información, noticias e ideas, y hacer amistades.

Riot Grrrl
Movimiento de jóvenes feministas que se hizo popular a mediados de la década de 1990. Sus adeptas se expresaban a través de la música punk y otros medios, como los fanzines.

Segunda ola del feminismo
Periodo del feminismo entre mediados de la década de 1960 y la de 1980 que se concentró en las experiencias de las mujeres dentro de la familia, en sus relaciones sexuales y en el trabajo.

Separatismo
Idea de que un grupo (en este caso el de las mujeres) debería separarse todo lo posible en el ámbito político, social, doméstico y laboral de los grupos antagónicos (los hombres).

Sexismo
Prejuicio, estereotipo o discriminación de un individuo o grupo por su sexo biológico.

Sexo
Cada una de las dos categorías principales (macho y hembra) en las que se dividen las personas y otros seres vivos de acuerdo con su función reproductiva.

Sexualidad
Atracción sexual de un individuo hacia personas de un sexo (o sexos) biológico concreto.

Socialismo
Enfoque político que persigue la igualdad social y económica a través de la propiedad colectiva de los bienes y medios de producción.

Socialización
Proceso por el cual los individuos o grupos aprenden a encajar en la sociedad y se comportan como se espera de ellos.

Sostén familiar
Persona que aporta la principal fuente de ingresos a la familia. Tradicionalmente se esperaba que los hombres fueran el único sostén familiar.

Suffragettes
Mujeres activistas que lucharon por el derecho femenino al voto a finales de siglo XIX y principios del siglo XX a través de acciones organizadas, que en ocasiones fueron violentas.

Sufragistas
Mujeres activistas que lucharon por el derecho femenino al voto a finales de siglo XIX y principios del siglo XX por medios pacíficos y constitucionales.

Tercera ola del feminismo
Periodo del feminismo que comienza en la década de 1990 y termina alrededor de 2012, centrado en las opciones personales y en el empoderamiento de las mujeres como individuos.

Toma de conciencia
Tipo de activismo surgido en Nueva York en la década de 1960. Las mujeres se reunían en pequeños grupos para debatir sobre la realidad de sus vidas y compartir las experiencias comunes de opresión.

Trabajo doméstico
Trabajo no remunerado llevado a cabo en el hogar, a menudo por mujeres. Algunas feministas consideran que el desempeño de dicho trabajo es la clave de la desigualdad de las mujeres.

Trans (transgénero)
Término que describe a la persona cuyo comportamiento e identidad no coinciden con el sexo que se les asignó al nacer.

Transfobia
Miedo y prejuicios hacia las personas trans.

Trata sexual
Comercio ilegal de seres humanos con propósitos de explotación sexual en contra de la libertad de las personas. Es una violación grave de los derechos humanos y una forma de violencia.

Troleo
Publicación deliberada de comentarios molestos, ofensivos o provocadores en internet.

Violación
Acto de forzar o coaccionar a alguien para mantener relaciones sexuales sin su consentimiento.

Violencia doméstica
Abusos físicos, sexuales o emocionales infligidos por la pareja en una relación afectivo-sexual.

Índice

Nota: las páginas en **negrita** indican la información clave sobre el tema.

A

A Call to Men 147
abolicionistas (de la esclavitud) **18-19**, 20
aborto 31, 32, **85**, 86, 136
abuso 57, **90-91**
  sexual 41, 42, 88, 89, 138
acoso 67, 147
  sexual 31, **40-43**, 88, 113
activismo en redes sociales 130
  #BANBOSSY 111
  #BlackLivesMatter 141
  #bodypositivism 123
  #HeForShe 147
  #mansplaining 112
  #MeToo **42-43**, 59
  #NiUnaMenos 90
Addams, Jane 140, **148**
Adichie, Chimamanda Ngozi **44-45**, 66
adolescentes 69, 71, 135
  imagen 122-123
Afganistán 53, 131
África
  anticoncepción 84
  esclavitud 18
  MGF 84
  mujerismo 63
  política 114, 148, 150
  sufragio 23
  trabajo 100, 114
Alemania 92, 136, 139
  empleo 76
Alexander, Jacqui 144, **148**
Angelou, Maya 13, **148**
Anthony, Susan B. 19
anticoncepción 31, 34, 37, **84-85**
apartheid 100
Arabía Saudí 23
Argentina 90, 141
Asia 23, 84
Astell, Mary 74, **148**
Australia 22, 23

B

Bacha Posh 55
Bates, Laura **40-41**, 130, 148
Beauvoir, Simone de 30, **52-53**, 54, 148
Beck, Debra Baker 37
belleza 36, **118-119**, 120, 127, 132
Bentham, Jeremy 146
Bikini Kill 38
biología 28, **48-49**, 54
Bordo, Susan 123, **148**
Brasil 23, 131
Burke, Tarana **42**, 43, 148
Butler, Judith 55, 57, **72-73**

C

cambio social 13
Campaña del Lazo Blanco 147
Campoamor, Clara 22, 148
Canadá 28, 93, 147
capitalismo 75, 81, 144, 152
Centro de Estudios sobre las Mujeres 111
cerebro, masculino y femenino **50-51**, 79
Chisholm, Shirley 28, 103
ciberacoso 67, 131
cisgénero 56, 57
Cixous, Hélène 111, 148
clase 145
  e identidad 59
  mujerismo 62, 63
  y educación 16
  y trabajo 26
Clinton, Hillary 29, 129
códigos de vestimenta 40, 121
cómics 38, 149
conciliación trabajo-vida **76-77**
construcción de la identidad de género **54-55**, 71
consumismo 39, 119
control de natalidad
  ver anticoncepción
Convención por los derechos de las mujeres 20
Cox, Laverne 59, 148
Crenshaw, Kimberlé Williams 58, 59, 63, 148
Criado-Perez, Caroline 129, 148
CTIM 97, 145, 151
culpabilización de la víctima 29, 88, 89, 90, 93
cultura popular 36, 38, 69, 125, 133, 154

D

Delphy, Christine 74, 75, 80, **149**
deporte 26, 123, 147
derechos civiles **18-19**, 31, 60, 142
derechos de las mujeres 16, 18, 19, 20, **28-29**, 136, 149
  y familia 80, 81
desautorización de las mujeres 91
dinero
  dependencia 74, 77, 83
  ver también salario
discriminación por edad **132-133**
discursos
  «¿Acaso no soy mujer?» 20, 60
  «The Master's Tools will never Dismantle the Master's House» 62
  «Todos deberíamos ser feministas» 13, 44
divorcio 31, 37, 81, **82-83**
documentales 56, 98
Douglass, Frederick 20
Douglass, Sarah Mapps 18

E

economía 15, 101, 107
Ecuador 139
Eddo-Lodge, Reni 63
educación 14, **16-17**, 31, 35, 98
  acoso sexual 39
EE. UU. 17, 18-19, 20, 23
  culpabilización de la víctima 93
  empleo 76, 77, 100, 101
  manifestaciones 92, 140
  peticiones 130
  sexualidad 71
El feminismo es para todo el mundo 60
El género en disputa 57, **72**

Eliot, Lise 50, 51, 79
EMMA 136
empleo *ver* trabajo
empoderamiento 39, 43, 68, 69, 111, 120, 121, 129, 139, 152
empresarias 101, 113
Enmienda por la Igualdad de Derechos 28, 129, 150
esclavitud **18-19**, 20
esencialismo biológico 49, 152
estereotipos 69, 79, 102, 128, 132, 133
Europa 16, 17, 23, 136
existencialistas 52

F

falsa conciencia 30
Faludi, Susan 36, 37, **149**
familia 14, 32, 34, 74
  y trabajo **76-77**, 83
fanzines 38, 155
Fawcett Society 13, 37, 147
Fawcett, Millicent 22, **149**
Federici, Silvia 107
feminidad
  y belleza 118-119
  y fertilidad 132
  y género 54, 55, 72
  y moda 36, 120
feminismo de la primera ola 82, 152
feminismo de la segunda ola 19, **30-31**, 34, 48, 54, 90, 104
feminismo de la tercera ola 39, 151, 155
feminismo de pintalabios 39
feminismo transnacional 145
feministas radicales 48, 140, 141, 152, 153
Festival de cine de Cannes 121
Firestone, Shulamith 48, 49
Flynn, Elizabeth Gurley 109
Francia 23, 27, 111, 149
Friedan, Betty 28, 35, 77, 83, **149**
Frye, Marilyn 35
fuerzas armadas 27, 107

G

Gal-dem 129
Gay, Roxane 67, 123, 131, **149**
género 54, **56-57**
  brecha salarial 14, 27, 28, 29, 76, **102-103**, 107, **108-109**
  cerebro **50-51**
  construido **54-55**, 71
  estereotipos 56
  roles 14, 38, 39
  y sociedad 30, 51
Ghana 23
girl power **38-39**, 69
globalización 145
Gomez, Jewelle 71
Gouges, Olympe de 17, **148-149**
Gournay, Marie Le Jars de 16, **149**
Grecia, antigua 16
Greer, Germaine 34, 43, **149**
Grimké, Angelina 19, **149**
grupos de toma de conciencia (TC) 30, 66
grupos musicales **38-39**
guerra (guerras mundiales) 22, 23, 140
Guerrilla Girls 38, 125

H

Hall, Radclyffe 70
Hartmann, Heidi **149**
heterosexualidad 33, **68-69**, 71
  obligatoria 35, 70
hijos robados 141
Hollywood
  actores y actrices 42-43, 119
  #MeToo 42-43
  representación de las mujeres 35, 36, 125
hombres **14-15**, 48
  anticonceptivos masculinos 85
  como aliados 149
  feministas **146-147**
  relaciones con **68-69**, 74-75, 82, 106-107
  y masculinidad 55, 68, 69, 88
  y vida familiar 76, 107
homofobia 39, 62, 70, 104
hooks, bell 14, **60-61**, 63, 125, 146, 147
huelga 24, 100, 109

I

igualdad de derechos 13, 20, **28-29**, 31, **32**
Ilustración 17
imagen **122-123**
  ver también belleza
India
  educación 16, 144
  matrimonio 83, 91
  redes sociales 131
  sufragio 157
  violencia 88, 91
industria del cine
  actores y actrices 42-43, 119, 121
  Festival de cine de Cannes 121
  #MeToo 42-3
  representación de las mujeres 35, 36, 125
infrarrepresentación 128, 129, 132, 133, 148
Instagram 119, 130, 133
Internet
  ciberacoso 67, 131
  imagen 119, 122
  porno 134
  redes sociales 67, 119, **130-131**
  trabajo sexual 138
  Twitter 41, 112, 130
  ver también activismo en redes sociales
interseccionalidad **58-59**, 63
Italia 23, 27, 107

J K

Jenner, Caitlyn 56
juguetes 51, 78, 79
Kahlo, Frida **86-87**, 125, 150
Katz, Jackson 68
Kelly, Liz 43, 91, 92
Kollontai, Alexandra 106

L

La mujer eunuco, 34, 149
La Noche es Nuestra **92-93**
legalidad
aborto 85
divorcio 31, 81, 83
educación 17
igualdad de derechos 14, **28-29**, 31, 63
familias LGTBQ+ 81
matrimonio 71, 74
sufragio 22, 23, 28
trabajo 102, 109, 121, 139
violación 89, 131
violencia doméstica 90
lenguaje **110-111**, 148, 151
ofensivo 131
Lerner, Gerda 14, 15, **150**
lesbianas 35, 58, 59, **70-71**, 72, 81, 104, 125
política 35
LGTBQ+ **71**, 74, 153
Lorde, Audre 58, 62, 63, **104-105**, 141

M

machointerrupción 113
MacKinnon, Catherine 135, 138, **150**
manifestaciones 92-93, **140-141**
La Noche es Nuestra **92-93**
Marcha de las mujeres 32, 141
mansplaining **112-113**
Marcha de las Mujeres 141
masculinidad 55, 68, 73, 88
A Call to Men 147
maternidad 34, 54, **81**, 141, 152
y trabajo **76-77**, 109, 114
matriarcado 14
matrimonio 34, 35, 69, **74-75**, 82, 150
homosexual 71
violencia doméstica 31, 63, **90-91**, 150
medios de comunicación 69, 96, 118, 120, **128-129**, 132-133, 136
publicidad 41, 122, 123, **126-127**
redes sociales **130-131**
televisión 41, 71, 122, **128-129**, 133
ver también revistas
Menchú, Rigoberta 142-143
menopausia 132
menstruación 32, 48, 49, 86
microcréditos 101
Mil Millones en Pie 144
Mill, Harriet Taylor 17, 146, **150**
Mill, John Stuart 22, 146
Millett, Kate 30, 31, 34, 66, 125, **150**
misoginia 42, 57, 153
mito de la quema de sostenes 31
moda 34, **120-121**
Mohanty, Chandra Talpade 144, 145, **150**
Morgan, Robin 144, **150**
Mott, Lucretia 18, **150**, 151
movimiento Me Too **42-43**, 59, 148
Ms., revista 32
mujeres aborígenes 23
mujeres bisexuales 71
mujeres musulmanas 83, 136, 148
mujeres negras 44, 57, **58-59**, 60, 63, 66,104, 141, 145, 151
#BlackLivesMatter 141
blogs 63, 98, 130, 151
derechos de las mujeres 18, 19, 20, 60, 100
educación 97
esclavitud 18, 19, 20
Gal-dem, revista 129
medios de comunicación 38, 44, 60, 125
mujerismo **62-63**
racismo 60, 63, 141
trans 57
mutilación genital femenina (MGF) 32, **84**

N

nativas americanas 23
neopatriarcado 15
neuroplasticidad 51
neurosexismo 50
niños
crianza 51, **78-79**, 106
educación **16-17**, 96-97, 98
imagen infantil 122-123
juguetes 78, 79
Nueva Zelanda 23, 114, 151

O

Oakley, Ann 55, 79, **150**
Obama, Barack 147, 150
Obama, Michelle 17, 77, **150**
objetualización 138
ONU 98
opresión 75, 80, 118, 121,135, 145
Orbach, Susie 122
Organización Nacional de Mujeres (NOW) 83, 149, 150
Oriente Medio 85, 108

P

páginas web 40, 112, 129, 130, 148
países en desarrollo 84, 101
Pakistán 84, 98, 114
Pankhurst, Emmeline 22, **24-25**
patriarcado 13, **14-15**, 76, 149
Paul, Alice 28, **150**
películas *ver* industria del cine
periódicos 43, 128, 129, 136
periodo *ver* menstruación
personas trans **56-57**, 59, 141
petición 22, 24, 121, 130
Pizan, Christine de 16, 149
poesía 104, 150, 151
política 15, 22, 128-129, 149
mujeres políticas **114-115**
revistas 136
Política sexual 31, 34, 66, 125, 150
pornografía **134-135**, 136

Premio Nobel de la Paz 98, 140, 142, 148
privilegio 59, 154
  blanco 63
  heterosexual 69
  patriarcado/masculino 54, 55, 57, 147
propiedad 14, 28, 82, 83
prostitución 138
protestas 19, 24, 27, 30, 31, 85, 92, 93, 125, 140-141, 142
Proyecto Sexismo Cotidiano **40-41**
publicidad 41, 122, 123, **126-127**

R

raza 13, 58, 60, **62-63**, 145
reacción **36-37**, 60, 90, 131
redes sociales **130-131**
Reino Unido 22, 92, 123, 140-141
  empleo 76, 100
  sexualidad 71
  violencia doméstica 91
relaciones homosexuales 70, 71, 74, 81, 104
religión 14, 34, 49, 59, 75
remuneración del trabajo doméstico 107
reproducción 14, 48, 49, 74
revistas 19, 32
  feministas 32, 129, 136
  para mujeres negras 129
  y representación de las mujeres 41, 119, 122, 129, 131
  y representación de las relaciones 66, 71
Revolución Industrial 22, **106-107**
Rich, Adrienne 35, 70, 75, 89, **150**
Riot Grrrl 38, 39, 155

S

salario 14, 15, 27, 28, 29, 76
  brecha 14, 27, 28, 29, 76, **102-103**, 107, **108-109**
  igualdad 77
  sostén familiar 101
Sandberg, Sheryl 100, 101
Sanger, Margaret 84, 85
Schurman, Anna Maria van 17
Schwarzer, Alice **136-137**
Segundo Sexo, El 52, 54
sexismo 39, **40-43**, 44, 68, 91, 133, 148
  y mujeres negras 58, 60, 63
sexo 54
  pornografía 134-135
  trabajo sexual 138-139
Sheppard, Kate **151**
silenciamiento de las mujeres 112-113
sindicatos 100
slut walks 93
sociedad 13, 28
  e imagen 118, 122, 132
  patriarcal **14-15**, 69, 149
  segregada por género 55
  y estereotipos de género 30, 34, 49, 54, 72, 78, 79
  y familia 80, 81
  y hombres **14-15**, 41, 54, 88, 91, 136, 139
  y lesbianas 70
  y matrimonio 35, 75
Sociedad Antiesclavista Femenina 18
Solnit, Rebecca 112, 113
sostén familiar 79, 81, **101**, 107, 152
Spender, Dale 110, **151**
Stanton, Elizabeth Cady 18, 19, 82, **151**
Steinem, Gloria **32-33**, 74
Stewart, Kristen 121
Stopes, Marie 84
Sudáfrica 32, 125, 100
Sudamérica 23, 84
Suecia 93, 139
suffragettes 22, 24, 28
sufragio 19, **22-23**, **24**, **82**
sufragistas 82, 90
Sugar and Spice 67

T

televisión
  imagen 122, 133
  LGTBQ+ 71
  ofensa hacia las mujeres 41
  representación de las mujeres 128-129, 133
Todos deberíamos ser feministas 44
trabajo 14, 15, 22, **28-29**, **100-103**
  acoso laboral 113
  e igualdad 41
  emocional 102
  no remunerado 77, 100, **106-107**
  sexual 138-139
  y vida familiar **76-77**
troleo 131, 155
Trump, Donald 42
Truth, Sojourner **20-21**, 60
Tubman, Harriet 18
Twitter 41, 42, 112, 130

U V

Uganda 101
Valoy, Patricia 145, **151**
vello 48, 119, 127
violación **88-89**, 131, 138
violencia
  contras las mujeres 15, **90-91**, 92-93, 141
  de las mujeres 22
  sexual 40, 41, **88-89**, 92-93, 138
violencia doméstica 31, 59, 63, **90-91**
voto *ver* sufragio

W

Walby, Sylvia 14, **151**
Walker, Alice 62, 63, **151**
Wardere, Hibo 84
Wittig, Monique 35, **151**
Wolf, Naomi 118, 119, **151**
Wollstonecraft, Mary 17, **151**
Woman's Peace Party 140
Women's Social and Political Union (WSPU) 24
Women's Strike for Peace (WSP) 140

Young, Iris Marion 49, **151**
Yousafzai, Malala 98-99

Agradecimientos

Dorling Kindersley agradece a Ann Baggaley su asesoramiento editorial, a Gregory McCarthy su colaboración en el diseño, a Carron Brown la corrección de texto y el índice, y al profesor Chris Frith su revisión de las págs. 50-51.

Los editores quieren también agradecer a las siguientes entidades que hayan dado permiso para la reproducción de sus fotografías:

(Clave: a: arriba; b: abajo/inferior; c: centro; f: extremo; l: izquierda; r: derecha; t: superior)

2 Library of Congress, Washington, D.C.: LC-USZ62-75334. **10 Alamy Stock Photo:** Niday Picture Library. **14 Alamy Stock Photo:** Granger Historical Picture Archive (bc). **17 Getty Images:** FPG (tr). **18 Library of Congress, Washington, D.C.:** LC-USZ62-7816 (bc). **20 Getty Images:** Library of Congress (cr). **21 Library of Congress, Washington, D.C.:** LC-DIG-ppmsca-52069. **24 Getty Images:** Hulton Deutsch (cr). **25 Getty Images:** Jimmy Sime. **27 Getty Images:** TASS (tr). **28 Alamy Stock Photo:** Vadim Rodnev (bl). **31 Getty Images:** Bettmann (br). **32 Reprinted by permission of Ms. magazine:** © 1972 (cr). **33 Getty Images:** Yale Joel. **35 Bridgeman Images:** © Rene Saint Paul (br). **36 iStockphoto.com:** stray_cat (bl). **39 Getty Images:** Images Press (tr). **41 Alamy Stock Photo:** Stockbroker (bl). **43 Alamy Stock Photo:** Doreen Kennedy (tr). **44 Getty Images:** Stuart C. Wilson (cr). **45 Getty Images:** Michael Loccisano. **46 Alamy Stock Photo:** Image Source. **49 Getty Images:** Luis Acosta (cr). **51 Alamy Stock Photo:** Peter Cavanagh (cr). **53 Loulou d'Aki:** (tr). **54 Getty Images:** Jean Tesseyre (cr). **55 Getty Images:** Roger Viollet Collection. **56 Getty Images:** Jerod Harris (br). **59 Getty Images:** Tibrina Hobson (tr). **60 Alamy Stock Photo:** Don Smetzer (cr). **61 Courtesy of bell hooks Institute. 63 Getty Images:** David M. Benett (br). **64 Depositphotos Inc:** tungphoto. **66 Getty Images:** Chris Tobin (bl). **68 Getty Images:** Paul Morigi (bl). **71 Getty Images:** Justin Sullivan (bl). **72 Dorling Kindersley:** con permiso de Judith Butler (cr). **73 Judith Butler:** Stefan Gutermuth. **75 Dreamstime.com:** Volodymyr Ivash (tr). **77 Getty Images:** Fred W. McDarrah (br). **79 Alamy Stock Photo:** Emma Kim / Cultura RM (cr). **81 Alamy Stock Photo:** Graham Oliver (br). **83 Getty Images:** Sam Panthaky / AFP (tr). **84 Alamy Stock Photo:** Michael Preston (br). **86 Alamy Stock Photo:** Pictorial Press Ltd (cr). **87 Alamy Stock Photo:** Archivart / © Banco de México Diego Rivera Frida Kahlo Museums Trust, Mexico, D.F. / © DACS 2018. **88 Reuters:** Katy Migiro (bl). **90 Getty Images:** Martin Bernetti / AFP (bl). **93 Alamy Stock Photo:** Janine Wiedel Photolibrary (br). **94 Alamy Stock Photo:** Picade LLC. **97 Alamy Stock Photo:** Photononstop (cr). **98 The Orion Publishing Group Ltd.:** Cubierta de 'I am Malala' de Malala Yousafzai (cr). **99 Getty Images:** Tony Karumba / AFP. **101 Getty Images:** Godong (tr). **102 Alamy Stock Photo:** Hero Images Inc. (bl). **104 Getty Images:** Grant Lamos IV (cr). **105 Getty Images:** Robert Alexander. **106 Getty Images:** Alfred Eisenstaedt / The LIFE Picture Collection (bl). **109 Alamy Stock Photo:** Granger Historical Picture Archive (tr). **111 Getty Images:** Herve Gloaguen (bl). **113 Dreamstime.com:** Monkey Business Images (cr). **114 Rex by Shutterstock:** Felipe Trueba / EPA-EFE (bl). **116 Getty Images:** The Asahi Shimbun. **119 Getty Images:** PhotoAlto / Frederic Cirou (cr). **121 Getty Images:** Tristan Fewings (tr). **122 Alamy Stock Photo:** Richard Levine (bl). **125 Bridgeman Images:** Royal Collection Trust © Her Majesty Queen Elizabeth II, 2018 (tr). **127 Getty Images:** Ute Grabowsky (tr). **129 courtesy of gal-dem. 130 Alamy Stock Photo:** Lev Dolgachov (br). **133 Rex by Shutterstock:** Les Wilson (tr). **135 Alamy Stock Photo:** Angela Hampton Picture Library (tr). **136 www.emma.de:** (cr). **137 Getty Images:** ullstein bild. **139 Getty Images:** Adam Berry (cr). **141 Rex by Shutterstock:** Eduardo DiBaia / AP (tr). **142 Getty Images:** Johan Ordonez / AFP (cr). **143 Getty Images:** Orlando Sierra / AFP. **144 Getty Images:** Noel Celis / AFP (bl). **147 Getty Images:** Hannah Peters (cr)

Resto de las imágenes: © Dorling Kindersley
Para más información ver: www.dkimages.com